# El Cantar de los Cantares de Salomón

con

EXPLICACIONES Y REFLEXIONES

relativas a

LA VIDA INTERIOR

# El Cantar de los Cantares de Salomón

con

EXPLICACIONES Y REFLEXIONES

relativas a

LA VIDA INTERIOR

EL COMENTARIO DEL LIBRO MÁS ESCANDALOSO
DE MANO DE UNA DE LAS MUJERES REFORMADORAS
MÁS INFLUYENTES Y CONTROVERTIDAS
DE LA HISTORIA DE LA CRISTIANDAD

—Versión actualizada y revisada—

marronyazul

Jeanne Marie Bouvièrs de la Motte-Guyon

**Título original:** *Le Cantique des Cantiques Avec des EXPLICATIONS &*
*REFLEXIONS qui regardent LA VIE INTERIEURE* (terminado en 1688 y publi-
cado en 1714 por Jean de la Pierre).
**Autor:** Jeanne Marie Bouvièrs de la Motte-Guyon
**Traducción:** © S.D.R.M. 2024. Todos los derechos reservados.
**Edición, maquetación y portada:** © S.D.R.M. 2024.
**Primera edición:** diciembre de 2024
**ISBN:** 978-84-124235-8-7

MARRONYAZUL®
Apdo. Correos 34
28607 El Álamo
Madrid — (España)
www.marronyazul.com

**Editado e impreso en España — *Edited and printed in Spain***

# Contenidos

NOTA INFORMATIVA: Cada capítulo numerado de este índice corresponde al capítulo comentado correspondiente de *El Cantar de los Cantares*.

# Prefacio de los editores

El lugar en el que estamos es una pequeña ciudad a 30km al este de París llamada Meaux y la escena es una sala anexa a la estructura de una enorme iglesia. Aunque nadie lo llama de este modo, es un juicio inquisitorial lo que sucede puertas adentro y la acusada se llama Jeanne Guyón. Esta aristócrata piadosa se ha atrevido a criticar de soslayo a los religiosos poco piadosos de la época defendiendo una relación más personal con Cristo basada en el abandono y el puro amor, un camino fundamentado en una experiencia personal cargada de sufrimientos.

El Obispo Bossuet está a cargo de la «investigación», siendo este el clérigo más poderoso de Francia (y quizás de toda Europa en aquel momento), conocido por ser «la respuesta de la Iglesia Católica a Martín Lutero». Los potentados del palacio de Versalles ya han dado a entender que quieren un veredicto inculpatorio por el delito de *quietismo*, un movimiento de renovación espiritual que tuvo su momento álgido en toda Europa en esta misma época de mano de un jesuita español llamado Miguel de Molinos, traicionado por los suyos y tras los barrotes en estos momentos. Bossuet pide a Guyón que someta algunos de los escritos que mejor presenten sus ideas espirituales a los tres jueces que están ante ella.

Sin darse cuenta de la profunda injusticia que los teólogos inquisidores cometían en cuestiones de este calado (sobre todo cuando había intereses políticos), entre otros escritos somete su comentario sobre *El cantar de los cantares*. El texto bíblico maneja uno de los lenguajes más explícitos al que se podía acceder en aquel momento. Bossuet es sacerdote, y vamos a concederle el beneficio de la duda y asumir que nunca rompió sus votos. Esto quiere decir que este señor nunca tuvo sexo con otra persona y, en consecuencia, no tiene conocimiento de primera mano de semejantes cuestiones. Vive en una cosmovisión donde la idea del sexo todavía se asocia vagamente con el pecado (sin importar quién lo practique) y además es una de las mentes más intelectuales que pudiera existir (si le quitamos la vanidad, probablemente estaría muy cerca de ser 100% cerebro). Enfrente tiene a la señora Guyón, uno de los más ardientes volcanes de la historia cristiana occidental que llegó a describir momentos de deleite sexual con su marido tan intensos que llegó perder la conciencia…

¿Os podéis imaginar el cuadro?

La tragicomedia no acaba aquí. Bossuet tuvo el honor de ser el primer hombre que leyó el comentario en su primera forma manuscrita. Este es un comentario potente en todos los sentidos posibles. No solo es pasional, sino subjetivo y *muy* profundo. En lo que de él dependiera, este era un comentario que no debía ver la luz del sol ni era adecuado para que ninguna alma viviente pusiera sus ojos en sus páginas. Aunque es cierto que Bossuet no fue enemigo de Guyón (como otros muchos sí fueron), tampoco fue su amigo; y lo mucho que sucedió hasta que todo desembocó definitivamente en una persecución injusta y cruel, lo podemos leer en la propia *Autobiografía* de la autora, donde ella misma nos ofrece los detalles del asunto. El caso es que Guyón terminó con sus huesos en la infame Bastilla (haciendo un total de 7 años de duro encarcelamiento, desde últimos de 1695 hasta últimos de 1703) y, desde entonces, tuvo que renunciar completamente a enseñar en público sus *peligrosas* ideas sobre el amor. Por providencia divina, todos sus escritos (terminados antes de entrar en la Bastilla) fueron felizmente preservados.

Si estás familiarizado con la autora, ya sabrás que este libro, como cualquier otro de sus escritos, es principalmente una biografía personal. Se desliza por el texto bíblico trazando *su* historia personal, lo cual no deja de ser fascinante. No se puede acusar a Madame Guyón de teorizar sus vivencias espirituales porque todo cuanto escribía era fruto de su experiencia personal, punto por punto. Ejercitaba una insuperable *honestidad intelectual*... y, para nuestro asombro e ira de sus enemigos, ¡siempre le funcionaba! Todo encajaba como un guante en los textos sagrados. Los charcos teológicos por lo que chapoteaba con su candidez habitual hallaban siempre asidero en la Biblia (y el corazón del lector) como por un arte arcano que solo ella conocía. Hoy sabemos que era el Espíritu Santo, pero en aquel entonces defender las ideas de Guyón o ser amigo suyo era asociarte con una loca de atar que había caído en desgracia en los más altos círculos de poder. Tenerla en tu zona de amistad podía suponer arriesgar tu vida, hacienda y el futuro de tu familia.

Con esto queremos decir que este comentario sigue los dictados de la voluntad y corazón de su autora ante el Señor, su propia vida y existencia, por lo que encontrarás cosas útiles para ti por cuanto lo espiritual tiene un eco en todos Sus hijos (Dios usa el mismo fundamento en todos, que es Jesucristo); pero en otras ocasiones quizás te sean ajenas, un terreno más distante e irreconocible, y en estos casos tendrás que limitarte a admirarlo de lejos, aunque deseándolo.

Hemos querido daros una versión lo más completa posible, así que hemos incluido sus *Justificaciones* que podéis leer al final del libro e indicadas en el texto principal en números romanos para diferenciarlos de las notas a pie de página en números normales. Estas *Justificaciones* fueron su defensa personal de las partes objetadas por los inquisidores, *Justificaciones* que (oh casualidad) Bossuet no admitió en el juicio. Si bien no están todas ellas, la selección es muy representativa y disfrutable. La autora no solo defendió su postura con sus propias palabras, sino que tomó palabras de otros santos católicos «ortodoxos» que enseñaban exactamente lo mismo que ella. Paradójicamente, Guyón se caracterizaba por la actitud contraria de la que era acusada, una *ortodoxia* casi proverbial por muy atrevidos, exaltados o radicales que a veces nos parezcan sus oráculos. Aunque otros movimientos hayan bebido de su espiritualidad y su influencia haya superado los márgenes de su cuna religiosa, fue una católica devota y ortodoxa.

En fin, no os aburrimos más. Tras ciertos años traduciendo al español a nuestra querida santa, siempre hemos encontrado enseñanzas preciosas y una enorme unción (cosa que hasta nuestro querido Bossuet admitió ante Guyón, al menos en algunos de sus libros). Dios quiera que seas constreñido a esta total rendición a la que ella instaba a sus lectores y oyentes.

Entre tanto la venida del Señor se aproxima y no puede ya tardarse mucho, deseamos que el Señor os ilumine y os guarde de todo mal.

En el Amor del Amado,

—Los editores.

# Introducción del autor

Hay algunos que dicen que la unión profunda con Dios no puede suceder en esta vida. No obstante, estoy cierta de que tu espíritu puede tocar profundamente y unirse al espíritu de Dios mientras vives en el cuerpo. Por descontado, esta unión se experimenta en el reino físico aunque no se vea. Allá, cuando entres plenamente en la presencia de Dios, verás por completo cuanto ahora tocas por la fe.

En el momento en que recibes a Cristo, recibes todo lo que necesitas para vivir y disfrutar la piedad. Cristo dentro de ti es la plenitud de Dios. Lo que sugiero con este comentario no es una experiencia que necesitas tener. No, tu vida espiritual es un viaje hacia Cristo poseyéndote en mayor plenitud.

Puedes recibir y disfrutar a Cristo sin verle cara a cara. En la noche de la fe tienes el placer del goce sin la satisfacción de la vista física. Cuando estés ante Él tendrás una clara visión de Dios añadida a la dicha de ser Suyo. Pero tu ceguera temporal no puede evitar que disfrutes verdaderamente de Dios ni que Su Palabra se comunique a tu espíritu. Esta experiencia no proviene de un arrebato de imaginación desbocada; de la riqueza de una unión profunda y duradera con Dios pueden testificar todos aquellos que la han experimentado.[i]

La primera rendición a Jesucristo sucede mucho antes de que te rindas totalmente a Él y le conozcas en Su plenitud. No hay duda de que cuando le recibes por primera vez quedas unido a Él, pero hay mucho trabajo que Él debe hacer en ti para que estés del todo conformado a Él. Este proceso de conformación lleva largo tiempo y debe suceder antes de que Dios pueda comunicarse en plenitud contigo.

Todo esto es más real de lo que puede expresarse. De hecho, tu meta es permitir que Dios te posea sin que tú guardes nada para ti. La verdadera unión con Dios es permanente y duradera porque es interior y espiritual.[ii]

—Jeanne Guyón: Lyon 1688.

# 1

Verso 2
**¡Ay, si me besaras con los besos de tu boca!**[1]

El alma desea el beso de Dios, que es la unión elemental[2]. Esta verdadera unión entre Dios y el creyente sucede cuando el alma posee lo divino de forma permanente y duradera. Es el matrimonio espiritual. La persona clama para tener esta poderosa conexión (¡ojalá me besara con los besos de su boca!) cuando el alma ha

---

[1] Guyón tradujo Cantar de los Cantares desde el latín al francés y varía levemente respecto a las versiones más modernas que nosotros manejamos. Hemos optado por mantenerla para que su comentario quede adaptado al texto que ella manejaba. Las diferencias son pequeñas y puntuales.

[2] La «unión del centro», «unión elemental» o «unión esencial» es un término místico que ella usaba para referirse al estado interior en que el alma consigue que sus potencias (mente, memoria y voluntad) se acerquen todas ellas al centro del alma donde reside Cristo, y allí reposen junto a él. Es decir, la autora la entendía como el reposo del alma en Dios (en el interior de uno mismo) y la consideraba la gran conquista del cristiano.

percibido en visión interior que es posible una unión consumada con Dios.

Para comprender este misterio, hagamos una comparación entre la realidad de una unión pasajera de las potencias espirituales y la unión elemental, que tiene tanto de permanente como de imperecedera. En la unión temporal de las potencias, Dios puede experimentarse brevemente durante un momento, de un modo muy superficial. En la unión permanente el alma conoce a Dios para siempre.

En la unión temporal, Dios ciertamente se une con el alma, aunque solo brevemente. Indudablemente, esta unión efímera de las potencias conecta al creyente con alguna de las tres personas de la Santa Trinidad. Aquí el creyente ve a Dios como un medio para conseguir algo mejor y también como una meta que alcanzar. Aunque la persona pueda reposar en esta experiencia temporal de lo divino, quizás ni siquiera sepa que existe la posibilidad de habitar en Dios en unidad con Él. La persona no cree que sea necesario avanzar más.

En la unión temporal, el alma se imprime en la Trinidad. Es posible que los tres poderes del alma (entendimiento, memoria y voluntad) se conecten temporalmente con Dios. Según el plan de Dios, a veces la persona conoce la unión con una o dos personas de la Trinidad. En otras ocasiones, la persona experimenta una breve unión con las tres.

En esta imprimación del alma sobre la Trinidad, la persona conoce a Dios en procesos independientes. Cuando la unión del alma se produce en el entendimiento, es el Verbo quien procura una experiencia de conocimiento puro. Llamamos *unión intelectual* a esta conexión con el Verbo como una persona separada.

Cuando la unión del alma se produce en la memoria, es el Padre, como persona separada, quien absorbe el alma del creyente en Dios. Esto provoca que el mundo caiga en un profundo olvido.

La unión del alma con la voluntad procura un disfrute placentero, aunque sin contemplar a Dios. El Santo Espíritu crea esta conexión mediante un amor gozoso. Siendo el más perfecto de los tres, se acerca mucho a la experiencia de la unión permanente. Es así como normalmente el alma llega a la unión elemental. Estos tres son abrazos divinos, pero no son *el beso de Su boca*.

Dios nos da indistintamente uniones temporales y la unión permanente. La unión de las potencias es cosa temporal y no duradera. En la unión permanente Dios otorga al alma una presencia continua que toma la forma de un amor dulce y pacífico. La unión de las potencias es como el compromiso con un novio. Del mismo modo que sucede con un compromiso, el afecto del corazón y los cuidados procuran un goce mutuo. Pero no se disfruta perfectamente del amante hasta el matrimonio.

El matrimonio espiritual toma lugar en la unión elemental y el beso de la boca de Dios. Es una unión entre una esencia y otra esencia donde se comunican sustancias. Dios se une al alma como a una Esposa. Es ahora cuando el alma ya no solo conoce a Dios por actos o palabras de meditación mental. El alma conoce a Dios de una forma directa e inmediata, pues se unen uno al otro. Es entonces que el alma conoce el beso de la boca de Dios y Dios la posee de forma real y perfecta. Siendo nada menos que el Verbo de Dios quien se comunica directamente al alma, este goce no es cosa neutra ni estéril.

Hemos de recordar que Dios es todo boca, pues Dios es todo Verbo. Es cuando la boca divina besa al alma que da comienzo este goce perfecto y la consumación del matrimonio. Dios y su Hijo se comunican ahora al alma en el llamado 'estado apostólico'. Aparte de ser desposada, el alma ahora es fecundidad. La boca de Dios se une al alma haciendo que el alma sea fructífera mediante la propia fertilidad de Dios.

Algunas personas discrepan y dicen que esta unión solo es posible en la otra vida. Pero ahora sé con certeza que esto sucede en este mundo. La única diferencia es que en esta vida poseemos a Dios sin ver a Dios; en la vida venidera poseeremos a Dios y veremos a Dios.

Como digo, en la vida venidera tendremos la ventaja de ver a Dios y la gloria de Dios que hace plena la consumación. Sin embargo, no es necesaria esta visión para vivir en una felicidad y bienaventuranza fundamentales. Somos dichosos por poseer la verdadera bondad y disfrutar de la posesión de Dios aunque no le veamos. Podemos disfrutar a Dios aquí, en la noche de la fe, disfrutando de la felicidad sin el placer de la vista. En la eternidad tendremos la visión limpia de Dios sumada al gozo de la posesión de Dios. No obstante, la ceguera innata de vivir en este mundo no impide la verdadera posesión y el verdadero placer de la persona de Dios, y esta es la consumación del matrimonio divino donde acontece la verdadera comunicación del Verbo al alma. Personas con experiencia confesarán que esto es algo muy real.

Podemos solventar algunas de las dificultades que las personas encuentran en la unión elemental del alma con Dios. Algunas personas espirituales piensan que el alma deja atrás a Jesucristo y sus estados interiores cuando el alma llega a la unión elemental. Estoy de acuerdo con ellos en que la unión con Jesucristo sucede antes de la unión elemental, ya que la unión con Jesucristo como persona individual se percibe como una unión en las potencias. Primero llega la unión temporal con el Dios-hombre llamado Jesucristo y da comienzo la vida de iluminación. Pero yo digo que la comunicación divina de la Palabra de Jesucristo al alma sucede solamente cuando el alma desemboca en Dios. Esto establece la unión elemental y es el matrimonio espiritual. Como en un matrimonio, los frutos y productos del matrimonio solo llegan tras su consumación.

Todo esto es más real de lo que puede expresarse. En la unión permanente, Dios posee al alma sin interrupción. En las relaciones humanas podemos disfrutar de estar unidos con otra persona en momentos concretos. Pero este placer se disipará porque la persona queda externa a nosotros y no siempre está con nosotros. Pero el goce de Dios, permanente y duradero, siempre está presente porque el placer está dentro de nosotros. El alma puede derramarse de forma repetida y apasionada en Dios como si este fuera el centro y meta última de la vida, siendo así transformada y diluida para nunca emerger más. La relación es como la que existe entre el mar y el río. El origen del río es el océano y, sin embargo, las dos masas de agua son distintas. Cuando el río se encuentra alejado del océano, busca su origen por cualquier medio para regresar al océano. Según se va acercando, el río se va agitando y al final desemboca en el océano. Y cuando el río encuentra su camino y llega a su hogar, se mezcla con el océano y los dos cuerpos de agua se hacen indistinguibles entre sí. Las dos aguas se pierden y forman una mezcolanza. Del mismo modo sucede cuando nuestra alma encuentra su origen en Dios.

En la creación, Dios nos dio a participar del ser divino. También nosotros tenemos el impulso de reunirnos con Él, y nos dio el deseo de hallar nuestro camino para que esta consumación suceda. Dios nos dio a vivir algo similar a esto con el cuerpo humano en su estado de inocencia, apremiando al ser humano a unirse a otro y también a nuestro origen. Puesto que la conexión humana sucede entre cuerpos sólidos y no licuables, hemos quedado limitados a la hora de alcanzar esta anhelada unión.

La soldadura de dos metales ilustra este punto. Cuando el soldador intenta mezclar dos metales, más fácil resultará la tarea cuanto más parecidos sean. Se funden perfectamente. Si son muy distintos, solo se mezclarán con gran dificultad. En contraste con esto, si mezclamos dos vasos de agua, quedan agregados y son indistinguibles el uno del otro de modo inmediato. De igual manera, Dios ha creado nuestra alma mediante su propia esencia espiritual. Estas dos entidades espirituales están preparadas para unirse y agregarse. El alma humana es transformada al unirse con la propia sustancia de Dios.

La unión de las potencias sucede sin que el alma se diluya. Sin embargo, la unión elemental implica la dilución absoluta del alma en Dios. Todo está en todo.

Dios creó la naturaleza del alma de tal suerte que solo puede unirse con Dios. El apóstol Pablo denomina esta transformación *ser transformados a Su misma imagen* (2 Cor. 3:18). El Salvador denomina a esta *unicidad* con Jesucristo: 'ser uno', 'como nosotros', 'gloria de culminación' (Jn. 17:11-22).

El alma pierde su propia vida para hallar solamente su vida y existencia en Dios. Cuando el alma pierde su señorío egocéntrico, en el ámbito místico adquiere un sentido agudizado de lo divino. En el sentido espiritual, el alma pone freno a toda glorificación de sí misma. Entonces Dios recibe al alma a través del amor y, a su vez, el alma se hunde en las abisales profundidades del ser divino. Con esto no quiero decir que desaparezca lo intrínseco y peculiar del ser humano como sucede en la unión hipostática[3]. Lo que digo es que el alma es como la gota de agua que cae en una copa de vino. La gota de agua pierde su forma característica y parece que ha mutado en vino, aunque su sustancia distintiva permanezca activa. Si Dios quisiera, un ángel podría separar la gota de agua del vino. Del mismo modo, el alma podría vivir siempre separada de Dios, aunque esto comporte enorme dificultad.

---

[3] Intuyendo la persecución que sufriría por las autoridades de la época, Guyón intenta aclarar que la unión con Dios de la que está hablando no es como la unión de humanidad y divinidad que sucede en Cristo (que los teólogos denominan 'unión hipostática'), sino que en la 'unión elemental' que ella experimentó, lo humano (el hombre) se une a Dios (lo divino) de otra forma.

En un arrebato de amor, la Esposa pide apasionadamente esta unión exaltada e íntima con el Esposo. Consigue expresar su deseo y le concita directamente diciendo: «*Dejad que me bese* (porque puede hacerlo). Pero que esto sea *con los besos de Su boca*. Solo esto puede satisfacer mis deseos. Ninguna otra unión puede contentarme. Esta es mi demanda».

Verso 2-3
**Porque tus pechos son mejores que el vino,
y más fragantes que perfumes excelentes.**

Tus pechos, oh Dios, agradables y dulces, de los cuales alimentas a las almas al principio, hacen que tus hijos sean más fuertes que la mayoría de hombres robustos que beben vino. A través de tu perfume aromático y cautivador, tu amor atrae a las almas. Pues, cuando el alma es lo bastante afortunada como para apercibirse de este alimento, sana toda herida interior con este ungüento precioso. Si este placer tiene esta intensidad al principio, ¿qué deleites habrá en el beso nupcial, en el beso de Su boca?

El Cantar de los Cantares empieza con el anuncio de lo que sucederá al final de todo, la recompensa y la perfecta consumación de la Esposa. Es normal que la visión y el deseo finales vengan antes de la elección de los medios que conducen a tal fin. Así pues, el camino y los medios que conducen a esta consumación se describen en orden, empezando en la infancia espiritual.

La visión de la meta final en la culminación del matrimonio inspiró a la Esposa a pedir el beso de su boca, aunque haya de recibirlo al final y solo después de soportar muchas pruebas y mucho trabajo.

Verso 3
**Tu nombre es como ungüento derramado;
por eso las doncellas te aman.**

La gracia palpable que hay en el nombre del Novio penetra y llena el alma de la dulzura que Dios envía a aquellos que han de ser llenos del amor divino. Este perfumado bálsamo derramado crece y se extiende al derramarse más y más en la joven alma. El aroma excelente cautiva al alma, que es totalmente saturada del poder y dulzura del Novio.

Sin atisbo alguno de violencia, Dios se predispone para ser amado por los corazones. La joven alma, lavada de placer, se ve atrapada en estos encantos inocentes. Esto produce almas tiernas y amorosas que aman por el placer que experimentan al amar. Del mismo modo, mediante un chorro de aceite de gozo, el Padre ha ungido también al Hijo por sobre sus amigos, que compartirán Su gloria con Él (Salmos 45:7-8).

Verso 4
**¡Atráeme hacia ti,
y correremos en pos del aroma de tu perfume!**

Esta joven amante pide en oración que el Novio la atraiga hasta el centro de su alma. Entiende que hay más posibilidades de intimidad y nobleza que la dulzura del bálsamo[4] que ya ha sido derramado en sus potencias. A través de la gracia, el Novio la atrae con más y más fuerza. Por esto, ella pide más.

«¡Atráeme —dice ella— a los aposentos interiores de mi alma, para que todos mis sentidos y facultades puedan correr hacia ti! Atráeme, oh Amante divino, correremos en pos de Ti practicando el recogimiento mientras caminamos por esta vía más profunda pero menos palpable. Percibimos tu poder divino atrayéndonos

---

[4] El bálsamo es un incienso aromático cuyo olor es como mezcla de almendra y vainilla.

hacia Ti. Corremos guiados por aromas preciosos que nos conducen a la pradera donde es fuerte Tu atracción. Reconocemos este bálsamo porque ya has derramado sobre nosotros estos aromas de tu ungüento para sanar el mal y el pecado que dañaba las potencias, y para purificar nuestra corrupción. Dejaremos atrás aun este aroma con el fin de alcanzarte a Ti, el centro de nuestra felicidad».

Este excelente perfume recobra la oración de recogimiento porque todos los sentidos y potencias humanos corren tras su esencia. Esto les hace saborear con embeleso que el Señor es dulce (Salmo 34:9).

Verso 4
El rey me introdujo en sus recámaras:
Nos regocijaremos y nos alegraremos en ti,
y hallaremos tus pechos más fragantes que el vino.
¡Con razón los justos te aman!

Tan pronto como el alma manifiesta su deseo de dejar atrás todas las cosas humanas, corre directamente hacia Dios. Como recompensa por su amor ya purificado, Dios la introduce en las alacenas divinas. Ahora ella dispone de una gracia mayor de la que conocía antes en la unión temporal de las potencias.

Cuando el corazón de una persona muestra la fe de desear la persona de Dios, y no solo busca los dones de Dios, Él halla placer en destilar sobre la persona los dones que no buscaba. Indignado, arrebata estos dones a los que solo buscan los dones. Esta búsqueda purificada es lo que mueve al rey a introducir al alma en las alcobas divinas.

Este conocimiento también hizo que el profeta David animara al pueblo a buscar sin cesar al Señor (Salmos 105:4) y buscar Su rostro, como si estuviera diciendo: «Las bendiciones y dones de Dios son los rayos que brillan en el rostro de Dios. No os detengáis a buscar solo las bendiciones. Corred hacia el trono de Dios y buscad sin cesar el rostro de Dios hasta que seáis lo bastante afortunados como para hallar el semblante de Dios».

Extasiada de gozo ante el inefable secreto que le ha sido manifestado, oh Dios mío, la Esposa dice despúes que seremos llenos de gozo y temblaremos en el deleite de Ti: «Prefiero tus pechos a cualquier vino». La Esposa se acuerda del Novio, de la gran felicidad y placer en comparación con todo lo demás. Ya hemos escogido la dulzura de tu leche con sus arrobamientos de gracia frente a los placeres del siglo, así que ella dice: «Nos acordaremos de tus pechos». Aquí el alma afirma que prefiere a Dios antes que los consuelos espirituales divinos.

Añade, *los rectos te aman*. La verdadera rectitud conduce al alma a ir más allá de los placeres del mundo y toda la dulzura del cielo para perderse en Dios. Esto es lo que constituye el amor perfecto y puro. ¡Ay mi Dios, cuán cierto es que ninguno puede amarte como mereces ser amado excepto los que son rectos en este camino!

Verso 5
**Hijas de Jerusalén,
negra soy, pero codiciable,
como las tiendas de Cedar,
como las cortinas de Salomón.**

Las bendiciones más significativas de Dios nos conceden un profundo conocimiento de nosotros mismos. Estas bendiciones no provendrían de Dios a menos que nos permitieran saborear cierta medida de la miseria de los seres creados. Así sucede con esta Esposa. Cuando sale de las alcobas del rey, descubre que ha ennegrecido.

«¿Qué cambio es este? —preguntamos a la preciosa doncella—. Rogamos que nos lo digas». La Novia dice: «*Negra soy*. Ahora veo por la luz del Sol divino que tengo muchas imperfecciones, en realidad tengo una colección de defectos. Antes no los conocía

22

porque no estaba limpia de mí misma. Soy oscura porque no me he purificado de mis cánones sociales[5]. Pero soy tan hermosa como las tiendas de Cedar porque mi experiencia personal me hace saber quién soy. Mi Novio considera esto en extremo agradable, y me visita teniéndome por lugar de reposo. Soy preciosa porque estas manchas no son voluntarias. Mi Esposo comparte Su propia belleza conmigo. Cuanto más entiendo mis propias imperfecciones y oscuridad, tanto más codiciable me hago con la hermosura de mi Esposo».

*Soy tan hermosa como las cortinas de Salomón.* Las cortinas del divino Salomón son la humanidad sagrada que ocultaba al Verbo de Dios que fue hecho carne sacra. «Soy tan hermosa como estas cortinas —dice ella—, porque participo de esta hermosura. Y al igual que la santa humanidad cubría lo divino, así mi apariencia oscura esconde la grandeza de las operaciones de Dios en mi alma».

«Soy negra también por las cruces y persecuciones que vienen desde fuera. Sin embargo, soy tan hermosa como las cortinas de Salomón porque estas cruces y tinieblas me hacen parecerme a Él. Soy hermosa porque mi corazón está libre de malicia».

Verso 6
No reparéis en que soy muy morena,
porque el sol me ha mirado.
Los hijos de mi madre se airaron contra mí,
me pusieron a guardar las viñas,
y mi viña, que era mía, no la guardé.

¿Por qué pide la Esposa que no la miren en su oscuridad? Ahora su alma empieza a entrar en un estado de fe elevado en el

---

[5] Guyón enseña que estar apegado a un canon o corrección social invita a pecar porque la persona está demasiado apegada a su reputación y apariencia ante los demás. Ella menciona esto porque tuvo que sostener una gran lucha por su posición y educación. Recordemos que era una aristócrata de buena cuna en la época del mayor esplendor de la aristocracia de Francia.

que las debilidades afloran en lo externo. Poco a poco perderá las bendiciones palpables que le daban vigor y hacían tan fácil la práctica de las virtudes. La apariencia de estas virtudes la habían hecho hermosa a ojos de otros. Ya no será capaz de practicar la vida que llevaba porque ahora Dios exige algo más de ella.[iii]

«Cuando la gracia divina brillaba con plenos poderes sobre mí, daba una apariencia hermosa como si mis pecados hubieran sido destruidos. Pero, en la medida en que la obra de purificación ahondaba en mi alma, más defectos naturales salían a relucir». Al haber escogido Dios este otro camino, a ojos de los que no han sido iluminados parece como si el alma hubiera vuelto a su anterior estado natural. Por esto ella dice: «Os ruego compañeros y amigos, los que estáis en los primeros pasos de la vida espiritual, que no me juzguéis por mi apariencia o defectos exteriores, sean reales o aparentes. Esto no ha sucedido por falta de amor y coraje, tal y como sucede con las almas primerizas, sino porque mi Sol divino me ha mirado con rayos constantes y ardientes y ha cambiado mi color. Ha borrado mi complexión natural y me ha dado el color de Su ardiente fervor. Es la fuerza de Su amor lo que me ha puesto morena y me ha secado, no su ausencia».[iv] Esta oscuridad es un avance y no un defecto. Este progreso no debe imitarse porque la oscuridad que te proporcionaras a ti mismo sería un defecto. Para que sea recta, esta oscuridad ha de provenir del Sol de Justicia, quien para Su gloria y gran provecho del alma destruye su color natural. «Antes, mi admirable apariencia exterior me cegaba. Ganaba la admiración de los demás, pero negaba la gloria del Novio».

«Mis hermanos, que tan ennegrecida me ven, me instan a que retome mi vida activa y dirija mi atención a lo exterior en lugar de consagrarme a destruir mis pasiones interiores. Por largo tiempo luché contra ellos, pero, al final, derrotada, me resigné a sus deseos. Pero al ocuparme de las cosas de afuera he dejado de guardar mi propia viña, allí donde vive mi Dios[6]. Este es mi único negocio y el único vino que he de conservar. Como he desatendido mi viña, he dejado de estar atenta a la voz de Dios y no me importa cuidar las viñas de otros».

Almas como esta suelen estar sujetas a tormento cuando los demás ven que descuidan las mezquinas cuestiones externas[7]. El alma está ahora vuelta del todo hacia adentro y es incapaz de volcarse en estos asuntos externos. No obstante, a su debido tiempo, el Novio sanará los defectos de esta alma que han aflorado a la superficie.

Verso 7
**Hazme saber, oh tú, a quien ama mi alma:**
**¿Dónde pastoreas a tu rebaño?**
**¿Dónde lo haces sestear al mediodía?**
**Pues, ¿por qué he de andar así perdida**
**entre los rebaños de tus compañeros?**

«¡Oh Tú, a quien ama mi alma! —dice la desgraciada Amante—, he dejado de tener dulces negocios en mi interior y ahora ando ocupada en las cosas vanas del exterior. Oh, Tú, a quien mucho amo, y tanto más ahora que mi amor anda frustrado. ¡Ay, muéstrame dónde apacientas a tu rebaño y con qué comida satisfaces a las almas contentas de estar bajo tu guía!». Sabemos que cuando viviste en la tierra, tu comida y bebida era hacer la voluntad de tu Padre (Jn 4:34). Ahora tu comida es que tus amigos hagan tu voluntad y alimentes a tus discípulos contigo mismo. En esta comida les revelas tus infinitas perfecciones para que puedan amarte con

---

[6] Muchos textos comparan la vida fiel a Dios con una viña cuidada (por ejemplo, Isaías 5:1-7).

[7] De nuevo, Guyón nos relata su propia experiencia. Por ejemplo, cuando enseñaba en la escuela St. Cyr de Madame de Maintenon, criticaban a Guyón porque sus alumnas «no hacían suficientes tareas de limpieza» y «dedicaban demasiado tiempo a la oración».

mayor ardor. Cuanto más te manifiestas a Ti Mismo, tanto más te buscan, y es así que siempre pueden amarte.

*«¡Dime* —añade la Amante— *dónde estás Tú al mediodía!».* El alma desea vehementemente que el Maestro y Autor le enseñe sobre el calor del mediodía, un símbolo del fervor y calor del puro amor. Teme perder a su Novio y descarriarse andando por el camino carnal que pudiera esconderse bajo un falso manto de espiritualidad. Al ministrar a otros, teme también estar equivocada obrando en su amor propio en vez de en el puro amor.

Sabiamente, teme estos callejones carnales sin salida y las importantes consecuencias que contraen, demasiado frecuentes entre el rebaño de la iglesia. Algunos directores espirituales, aunque asociados a Jesucristo e inclinados a cuidar de las almas, se niegan a enseñar a sus pupilos a negarse a sí mismos, a estar crucificados y muertos a sí mismos para que así puedan vivir solamente para Dios y tengan a Jesucristo viviendo en ellos. Estos maestros y estudiantes hacen esto porque no están muertos y crucificados a sí mismos. Como consecuencia, su camino humano se gratifica a sí mismo y, por tanto, es engañoso. Sus caminos se tuercen y revuelven, yendo de aquí para allá. Cambian lealtades y mayorales. En este laberinto, nunca llegan a nada sólido y confiable.

Su vagabundeo viene a cuenta de no buscar las enseñanzas y ejemplo de Jesucristo. En oración, deberían pedir a Jesús lo que solo Él puede dar. Cuando el alma querida está bien instruida, reconoce estos errores y ruega que Jesús proporcione un entendimiento pleno del Verbo que alimenta las almas y la fidelidad para seguir Su ejemplo. Lo hace poque sabe que solo estos evitarán que se salga del camino recto.

Solo Dios nos enseña a hacer Su voluntad porque solo Él es nuestro Dios[v] (Salmos 143:10). Muchas veces nos vemos frenados en nuestro desarrollo por metodología de hechura humana, incluso de índole religiosa. La Esposa quiere que el Verbo la guíe hasta el corazón mismo del Padre. Jesús es el camino que lleva allí. Él reposa al mediodía en el corazón del Padre con gloria sin igual, habitando en la luz eterna inmarcesible. Ella desea estar perdida en Dios junto a Jesús, el Hijo de Dios. ¡Que siempre pueda estar allí escondida y reposada! Ella muestra que ha entendido esto, aunque no lo diga explícitamente, cuando dice después *para que deje de vagabundear por aquí y allá*. «En mi Padre descanso con la completa seguridad de que nunca seré engañada y, más aún, de que puedo dejar de pecar».

Verso 8
**Si no lo sabes, ¡oh tú, la más hermosa de las mujeres!,**
**sal tras las huellas del rebaño,**
**y apacienta tus cabritas**
**junto a las cabañas de los pastores.**

El Novio responde a su Amante y le otorga Sus bendiciones, y también la dirige a hacer buen uso de los dones que ya ha recibido. Le da una instrucción excelente. *«Si no lo sabes* —dice Él—, *sigue adelante»*. Con esto quiere decir que no es posible conocer el objetivo divino de su amor, por mucha pasión con que lo desee, a menos que primero se conozca a sí misma. Reconocer la nada de la humanidad nos capacita para vislumbrar el todo de Dios. En el todo de Dios yace la luz necesaria para descubrir que la humanidad es un abismo vacío. El Novio le ordena salir. ¿Adónde? Fuera de sí misma. ¿Cómo? Por un abandono y fidelidad absolutos en todo acontecimiento, evitando las satisfacciones naturales y el apoyo en sí misma o cualquier otra criatura. ¿E ir adónde? Entrar en Dios mediante un perfecto abandono de sí misma. ¿Cómo? Descubriendo en todas las cosas su propia nada y, en consecuencia, el vacío de todas las criaturas. Y reconociendo que Dios es todo en todo. En consecuencia, descubre que ella misma y todas las criaturas son insignificantes motas de polvo.

Pero si quiere regresar al Esposo, ¿dónde ha de ir ella? Debe marchar adentro de Dios por un abandono absoluto de sí misma, y allí descubrirá que todas las cosas existen por Él. Dios es todo y está en todo[8]. Por ende, ella misma y el resto de personas son trivialidades.

La nada no merece estima porque ningún bien habita en ella. La nada no amerita amor, porque es nada. La nada merece desprecio y odio por su presunción y egocentrismo, que son completamente opuestos a Dios y son plantados en la persona por el pecado. Para hallar la unión divina, la persona debe confiar en el todo de Dios y en la nada de la humanidad. El desprecio queda reservado para la persona; toda estima y amor reposa en el seno de Dios. En esto la persona puede hallar unión con lo divino.

Este abandono perpetuo de todo interés egoísta el Novio celestial lo describe como la obra interior del Amante. Este *ir hacia adelante* dejando atrás el ego es para todos los que anhelen el beso de la boca de Dios. Dios comunica esto al alma usando la sencilla expresión *sal adelante* hacia tu camino. Esto es una guía para el camino interior del alma.

En cuanto a su vida exterior y sus tareas, la voluntad de Dios es que no descuide ninguna de sus tareas manteniéndose en el estado al que Él la ha llevado. Este orden conlleva una atención infinita a los detalles de la vida. Aunque el alma debe seguir la atracción interior del Santo Espíritu, Dios también quiere que se conforme a la vida religiosa externa y que obedezca a los que están en autoridad en todo cuanto incumbe a lo exterior. Dios dice esto con las palabras *tras las huellas del rebaño* (es decir, caminar una vida normal en las cuestiones externas) y *apacentar las cabras* (que son los sentidos naturales) *junto a las cabañas de los pastores.*

---

[8] Esto fue un fundamento en su vida. Ella misma dio testimonio de que soportó la encarcelación en la Bastilla gracias a este entendimiento de que «Dios está en todas las cosas».

Verso 9
**A mi yegua favorita entre los carros de Faraón te he comparado, oh amada mía.**

El Novio alaba a la Amante en un coro hermoso, sabiendo que todas las alabanzas que generosamente se vierten sobre el alma que espera con paciencia apresuran al creyente a la aniquilación sin incrementar la presunción. Dice *te he comparado, Amante Mía, a mi caballería*. «Quiero de ti una carrera fuerte y veloz, como una compañía de valerosos caballos y carros galopando por el desierto. Te he comparado con mis ángeles que disfrutan de mi rostro. Te llamo a la misma dicha que tienen los ángeles contemplando Mi rostro sin cesar (Mateo 18:10)».

«Para esconder mejor estas grandes cosas interiores mientras vives en la tierra, *en lo externo te he hecho como los carros del Faraón*. Los que te vean corriendo tan veloz y con tanto estruendo creerán que acudes apresurada a los placeres, las vanidades y multiplicidades[9] de Egipto o que te propones buscar el placer del ego con presto entusiasmo. Sin embargo, veo que estás corriendo por Mí y sé que tu carrera terminará en Mí solamente. Te proporcionaré abundante fuerza y fidelidad. Nada evitará que llegues a salvo a tu destino».

Verso 10
**Hermosas son tus mejillas como la tórtola, tu cuello como perlas de coral.**

Las mejillas simbolizan tanto el mundo exterior como el interior: son tan bonitas como una paloma. La esencia de la tórtola es que si muere un miembro de la pareja la otra se queda sola por el resto de sus días sin emparejarse. Como la tórtola, el alma no es capaz de hallar placer en nadie, sea interior o exterior, excepto en

---

[9] Un término que usaba Guyón como antónimo de «sencillez», y que podría traducirse como «tener el ojo del corazón (o del alma) en muchas cosas y distraído en vez de tenerlo sencillo y fijo en Jesús».

su Dios. En su interior se queda en completa soledad cuando su Novio ha partido. En su vida exterior todo es muerte para ella. No puede ocuparse en nada más porque anhelar a su Novio llena su alma. Los ojos del Novio ven la belleza de esta alma.

Su cuello representa el puro amor, el mayor sustento que le ha quedado. Aunque aparece en un estado de gran desnudez, la práctica de innumerables virtudes la enriquece como una cadena de perlas de gran precio. Pero incluso sin este ornamento, la presencia del puro amor completa su belleza a ojos de Dios igual que el cuello de la Novia sin joyas sigue siendo bello.

Verso 11
**Te haremos collares de oro,
con incrustaciones de plata.**

Aunque muy hermosa en su desnudez, su sublime belleza se percibe en la perfecta evidencia de un corazón puro y un amor auténtico. Ahora Dios activa esta hermosura haciéndole entrega de adornos preciosos. Estos se convertirán en cadenas que personifiquen tu sumisión a cualquiera que sea la voluntad del Rey de Gloria.

Los hacen de oro para simbolizar que la persona actúa conforme a un amor sumamente purificado y su único interés consiste en buscar el beneplácito y gloria de Dios a través de todo cuanto hace o sufre. Aunque tengan este espléndido oro que representa el amor puro y sencillo, también serán engarzados de plata para que lo divino se manifieste en buenas obras externas y los más excelentes bríos espirituales.

En multitud de vicisitudes, el Amo divino se toma especial cuidado de instruir a Su amado discípulo en que se hace necesaria la pureza que Él demanda en lo referido al amor de la Esposa. También demanda fidelidad para no negar nada al servir al Amado y al prójimo.

### Verso 12
**Mientras el rey se sentaba en su reclinatorio,**
**mi perfume esparce su fragancia.**

La Amante aún no ha sido lo bastante despojada de sus ropas como para disfrutar las visitas ocasionales del Amado.

La visitación es una manifestación puntual de Dios, una experiencia de la presencia profunda y central de lo divino. Aunque el santo Novio habita de continuo en el centro del alma fiel, allí está escondido. Dios siempre está presente, pero el alma vive ajena a la dicha divina excepto en las ocasiones en que agrada a Dios revelarse al alma que le ama. Es entonces cuando percibe a Dios de una forma íntima y profunda al mismo tiempo. Así actúa Dios con los más puros Amantes, tal y como testifican sus palabras. *«Cuando mi Rey reina y me guía como Soberano,* entonces Dios reposa en Su reclinatorio, la base y centro de mi alma. Mi perfume (simbolizando 'mi fidelidad'), disemina un aroma suave y dulce invitando a Dios a que venga y se haga conocer. Después de visitarme es cuando admito que Dios está descansando dentro de mí como en un reclinatorio, cosa que antes ignoraba. Aunque Dios estaba ahí, yo no lo sabía».

### Verso 13
**Bolsita de mirra es mi amado para mí,**
**que reposa entre mis senos.**

Cuando la Novia, o más bien la Amante (porque todavía no es Novia), halla a su Novio, queda tan traspuesta de gozo que le apremia la esperanza de unirse a Él instantáneamente. Pero todavía no ha llegado la unión del goce continuo. «Es mío —dice ella—, no albergo duda de que se me ofrece en este momento porque lo siento, pero Él es para mí como un manojo de mirra»[10]. No es todavía un Novio al que abrazar en el lecho matrimonial, sino un manojo de dolores, sufrimientos y mortificaciones, un marido de sangre (Éxodo 4:25) y un Amante crucificado que desea probar mi fidelidad haciéndome partícipe de buena parte de Sus sufrimientos[11]. Esta es la porción que recibe el alma.

Evidenciando el progreso de esta alma ya heroica, ella no dice que el Amado le dé a probar el aroma de la Cruz, sino que Él mismo es el aroma. Porque el alma dice «todas mis cruces serán las de mi Amado».

«Este manojo yacerá entre mis pechos como evidencia de que el Novio ha de ser un Marido de amarguras, por dentro y por fuera». Las aflicciones externas serían poca cosa si no existieran las interiores. El dolor se agrava cuando las penas externas e internas se solapan al mismo tiempo. El alma solo percibe dolores por doquier, pero lo cierto es que entiende que es su Amado tomando forma de cruz. Lo divino nunca ha estado más cerca de ella que en estas estaciones de amargura durante las que Él habita en medio del corazón.

---

[10] La mirra es un aceite antiguo que se utilizaba para muchas cosas, incluyendo el perfume, la medicina y el embalsamiento en las momias de Egipto. La mirra se obtiene realizando una herida en la corteza del árbol *Commiphora myrrha*. Después, el árbol produce un aceite aromático que supura de la herida. Los sabios del oriente le dieron a Jesús el don de la mirra en su nacimiento (Mt. 2:11). Guyón indirectamente compara la herida del árbol que da mirra con la herida del creyente que desea consumar la unión.

[11] Éxodo 4:25 relata la circuncisión del hijo de Moisés que realizó Seforá y salvó la vida de Moisés. Esta herida de circuncisión produjo una conexión salvífica con Dios. Guyón creía que Dios hería a todos cuantos le seguían para que pudieran tener una conexión de salvación con Él.

Verso 14
**Racimo de ciprés es mi amado para mí,**
**en las viñas de Engadí.**

«Mi Amado —sigue diciendo la Amante— es un racimo de ciprés». Ella solo se expresa con reservas y dice «Él está cerca de mí, pero sigo sin tener la ventaja de la unión íntima por la cual Él podría vivir en mí y yo en Él por completo. Pero está cerca de mí como un manojo de ciprés (un arbusto que produce un bálsamo muy aromático)[12], porque solo Él da buen aroma a Sus Amantes». Este precioso racimo crece en las hermosas viñas de Engadí, donde las uvas son de extraordinaria calidad. La Amante compara a su Amado con las virtudes excelentes y la agradable fragancia del bálsamo, y también con el deleite y la fuerza del vino. Con estos símbolos expresa que cuando por el goce interior de Dios hemos aprendido a disfrutar de Él, ya no podemos hallar placer perdurable en ningún otro lugar. Si buscamos placer en cualquier otra fuente de satisfacción, perdemos lo divino.

Verso 15
**He aquí eres hermosa, oh amada mía.**
**¡He aquí eres hermosa!**
**Tus ojos son como palomas.**

El Amado ve la disposición del alma a ser crucificada y aprender de Él. Cautivado por el resplandor de la belleza que Él le ha dado, la cuida y encomia diciendo que es hermosa y es Su Amada. «¡Cuán bella eres! ¡Amada mía, eres hermosa!», dice otra vez. ¡Ay, qué palabras tan dulces! Dos veces habla de la belleza porque es doble: una interior y otra exterior. Desea que el alma perciba la belleza como si lo divino dijera: «Mira, ya eres preciosa en tus adentros aunque no hayas sido perfeccionada. Has de saber que en

---

[12] Hay muchas variedades de planta referidos al ciprés. No solo es un árbol estilizado, sino también toman forma de arbusto.

breve serás del todo hermosa por fuera, cuando haya terminado contigo y te haya sacado de tu debilidad».

A la par de estas alabanzas, promete al alma una belleza y coraje aún más exquisitos, acompañados de una humildad que se fundamenta en que conozca sus propias carencias. ¿Pero por qué dice Él que será bendecida con una doble belleza? Sus ojos como de paloma muestran que es sencilla en el interior, que no desvía su mirada de Dios. Es sencilla por fuera; sus palabras y acciones externas no admiten doblez.

Esta sencillez como de paloma es el rasgo que manifiesta mejor el progreso del alma. Como ahora ya no intenta progresar por medios o métodos indirectos, el alma es guiada por el Espíritu de Dios. La Esposa entendió desde el principio la necesidad de la sencillez y la perfección de la rectitud e integridad cuando decía *los rectos te aman* (Cantares 1:3). Ahora el alma evoca la perfección del amor viviendo en sencillez y rectitud.

### Verso 16
**He aquí eres hermoso, oh amado mío, eres pura delicia.**
**Nuestro lecho es una alfombra de flores.**

El alma enamorada ve en su Novio una doble belleza. Sin arrogarse el crédito de nada, responde al Novio con estas palabras: *¡Eres hermoso, amado mío, y eres agradable!* Sabe que la alabanza del Novio reintegra por derecho propio al seno divino. Nada nos pertenece: ni alabanza, ni gloria, ni placer. Todo regresa al autor y centro de todo bien. La Esposa nos enseña esta importante práctica sin ambages, en todo lugar glorificando al Señor por cuanto ha hecho. «Si soy hermosa —le dice ella—, es Tu propia hermosura. Eres hermoso en mí con esta doble belleza por la que me alabas».

«Nuestro lecho —dice ella— es ese aposento interior en el que Tú habitas en mí y que yo llamo 'nuestro', y te invito a venir y darme el beso matrimonial que exigí de ti en el principio. Esa es mi meta. Nuestro lecho, dije yo, está preparado y adornado de flores de mil virtudes».

Verso 17
**Las vigas de nuestra casa son de cedro**
**y nos cubre un techo de cipreses.**

Oculto en el suelo y centro del alma, y desde el santuario en el que Él habita, al Novio le agrada enviar torrentes de bendiciones que se manifiestan en lo externo de la persona. Estas virtudes abundantes de distinto carácter producen en el exterior de la Esposa una belleza a manera de flores multicolor. Al carecer ella de experiencia, la venturosa y sorprendida Esposa cree que su edificio interior está casi terminado.

«El tejado ya está puesto —dice ella— y las vigas tienen el aroma del cedro fragrante, similar a la práctica de las virtudes exteriores que ahora soy capaz de practicar con brío y facilidad. Los sentidos externos parecen haberse regulado a la perfección en ese bonito y ornamentado techo de ciprés».

Pero, oh Amante, esto solo es en apariencia porque ves la cama adornada de flores y tu vida interior dulce, agradable y agraciada te hace creer que ya lo tienes todo. Sin embargo, recuerda que los techos están hechos de ciprés, un árbol que significa muerte[13]. Toda esta belleza y ornato solo es una preparación para la muerte.

---

[13] La madera del techo muestra la aniquilación del creyente que más tarde observaremos, comparando el uso del ciprés con un ataúd.

# 2

Verso 1
**Soy una rosa de Sarón,
un lirio de los valles.**[14]

Oh Dios, reprochas a tu Esposa su deseo de yacer en el lecho lleno de flores antes de haber descansado junto a Él en la dolorosa cama de la cruz. *«Soy una flor del campo* —dice Él—, una flor que no está en el reposo del lecho sino en el campo de batalla, del trabajo y del sufrimiento. Soy el lirio del valle que crece en las almas reducidas a la nada. Has de vivir en el estado de la aniquilación extrema para que Yo pueda desarraigarte de la tierra y después vivir en ti. Si me hallas, deberás entrar en combate y sufrimiento».

---

[14] El texto hebreo no denota espectacularidad (como algunas versiones bíblicas parecen dar a entender con el artículo definido) sino humildad e insignificancia. Son flores con poca belleza y frondosidad en lo externo, simples y poco atractivas. Son desértica, solitarias, y no tienen ninguna carga ornamental ni son apropiadas para un jardín ostentoso o lucido.

Verso 2
**Como un lirio entre los cardos
es mi amada entre las doncellas.**

El Novio muestra en estas palabras el progreso espiritual de su Amada. Ella es como un lirio, muy puro y agradable, y le honra con un dulce perfume. Esta alma cooperativa y dulce, guiada por Su espíritu, es distinta a las otras hijas que viven como un impenetrable manojo de pinchos y dañan a quienes tratan de acercarse a ellas. Estas almas egocéntricas se sumergen en su propia voluntad y se niegan a ser guiados hacia Dios. Convivir con ellas es causa de sufrimiento para el alma que se ha abandonado a Dios, pues hacen todo cuanto pueden para sacar a estas almas de su estilo de vida. Pero de la misma manera que el lirio puro y fragante vive entre los espinos sin sufrir daño, así estas almas son guardadas por su Novio. Estas almas experimentan oposición de las almas que se dejan llevar por su propia voluntad y viven en la multiplicidad de sus propias obras y no están abiertos a seguir el movimiento de la gracia divina[15].

Verso 3
**Cual manzano entre los árboles del bosque
es mi amado entre los jovencitos.
Me encantaba sentarme a su sombra;
dulce a mi paladar fue su fruto.**

Cuánto más sencillo será si hacemos esta comparación: La Amante se ve perseguida por personas espirituales que no entienden su experiencia y se dirige a ellos y a su Amado al mismo tiempo. La Novia habla diciendo: «Como el manzano es muy fértil

---

[15] Guyón hace una referencia solapada a su propia familia, marido y suegra, que ocuparon la segunda parte de su vida y que podríamos dividir en grandes rasgos en cinco etapas bien diferenciadas (infancia, casamiento, apostolado, persecución, silencio), así como a otras personas que conoció en vivencias posteriores.

entre los árboles del bosque, así es mi Amado entre los niños (los santos en los cielos o los justos de la tierra), aquellos que más agradan a Dios. Por tanto, no os sorprendáis si digo que me siento bajo Su sombra y descanso bajo Su protección. Me limito a estar bajo la sombra de Sus alas, por las que mucho he deseado ser poseída. Aún no he llegado a esta magnífica bienaventuranza, pero puedo decir que Su fruto, las aflicciones, el dolor y la humillación son dulces a mi paladar. La carne no lo experimenta como cosa dulce, pero la boca del corazón lo nota dulce después de haberlo yo comido. Y para mí y los que tienen el gusto de mi Amado, se hace algo a ser más deseado que cualquier otro bocado».

Verso 4
**Me llevó a la casa del banquete**
**y enarboló sobre mí su bandera de amor.**

La amada del Rey, al salir de sus encuentros deleitosos con Él, se muestra ahora intoxicada y fuera de sí. Ciertamente lo está. Habiendo probado este vino divino sin par, está enfebrecida de extrema pasión. Consciente de su frenesí, ruega a sus compañeras que no se sorprendan de verla en un estado tan extraordinario.

Mi intoxicación, dice ella, es comprensible porque mi Rey me ha llevado a sus aposentos de vino divino. Allí me dio a probar el amor. La primera vez que me hizo participar de esta gracia singular, era como un muchacho fuerte y hubiera preferido la dulzura de los pechos divinos a la fuerza de este vino excelente. Por ello, me auxilió afectuosamente haciéndome descubrir los efectos que produce beber un poco de este vino. A día de hoy, mi experiencia y Su gracia me hicieron más sabio y más fuerte, y ya no puedo beber solamente un poco. Bebo con abundancia de Su vino fuerte y puro que Él me dio en amor.

¿Cuál es la regla del amor que Dios dispone? ¡Oh, Amor! ¡Oh, Dios-Amor! ¡Solo tú puedes revelarlo! En un movimiento de amor, hace que esta alma solo piense en el Amado. Se olvida de todo interés propio, salvación, perfección, gozo y consolación para que solo piense en los intereses de Dios. Ahora ya no piensa en disfrutar Su abrazo, sino en sufrir por Él. Entra del todo en los intereses de la justicia divina, consintiendo con todo su corazón a todo cuanto Dios decreta tanto en el tiempo como en la eternidad. Nada puede amar en sí misma o en cualquier otra criatura a menos que sea en y para Dios, aunque parezca que sea una necesidad.

Es Dios quien dispone un amor tan santo y puro en esta alma. Desea que toda la humanidad sea para Dios y no recibir nada para sí. Este vino la prepara para los terribles estados interiores que vienen a continuación. ¡Ah, menuda fortaleza le transmite este amor! Esto solo puede ser conocido y disfrutado por aquellos que han probado el vino del Novio.

Verso 5
**¡Sustentadme con pasteles de pasas,**
**confortadme con manzanas,**
**porque desfallezco de amor!**

Tan pronto como el Novio ha impreso el amor en el alma, le envía una gracia especial a fin de prepararla para los sufrimientos que están por llegar. Él le da Su unión transitoria que se expande desde el centro del alma a los sentidos y potencias. Del todo suspendida y absorbida en los sentidos, ella clama: «Susténtame con flores, ayúdame con la práctica de pequeñas costumbres externas, o cúbreme con algunos de los frutos de la práctica del amor para que no muera bajo esta fuerte atracción. Porque siento que languidezco de amor».

¡Ah, pobre amante! ¿Por qué hablar del consuelo de flores y frutos, consolaciones exteriores y nimiedades? ¡Si desfalleces bajo esta prueba, sin remedio caerás en los brazos de tu Novio! Y cuán feliz serás si murieras allí. Perdóname por hablar con tanta franqueza, pero aún no estás preparada para esto.

Verso 6
**¡Su mano izquierda está bajo mi cabeza,**
**y me abrazará su diestra!**

Ella empieza a entender el misterio y se arrepiente de la ayuda foránea que había procurado. Dice ella *su mano izquierda está bajo mi cabeza*, dando a entender que «Él me mantiene fuerte con una protección excepcional, pues me ha honrado con la unión de las potencias de mi alma. ¿Qué me importan a mí las flores y los frutos, cosas palpables y humanas, puesto que Él comunica divinidad? Más aún hará por mí, uniéndome con Él connaturalmente. Es entonces que produciré para mi Novio frutos más hermosos que ninguno que yo le haya pedido, pues me abrazará con Su mano derecha». Su omnipotencia va acompañada de Su amor. Sus abrazos puros producirán en el alma el goce perfecto de Él en la así denominada unión elemental.

Ciertamente, en este abrazo de la mano derecha, Dios se compromete con el alma, pero no hay matrimonio. *Me abrazará,* dice ella. «En este lazo de compromiso, tengo esperanza en el día futuro de matrimonio cuando Él me besará y de tal modo me atará a Sí Mismo que no temeré que me abandone». Porque la peculiaridad de la unión esencial es que fortalece al alma tanto que ya no sufre la debilidad de los comienzos cuando experimenta eclipses de la gracia y tropiezos. En la unión matrimonial el alma es confirmada en el amor porque habita en Dios; desde entonces habita en el amor porque Dios es amor.

Verso 7
Os conjuro, muchachas de Jerusalén,
por las gacelas y las ciervas del campo,
que no despertéis ni desveléis
a mi amor hasta que él quiera.

En el sueño místico, el alma disfruta de un sacro descanso en este abrazo de compromiso que ella no había experimentado nunca antes. Había reposado bajo la sombra de Dios por la confianza que depositaba en Él, pero nunca había dormido en Su seno o en Sus brazos.

Resulta extraño cómo, aun personas espirituales, apresuran con falsas excusas el despertar de esta alma que disfruta del sacro descanso.[vi]

Las hijas de Jerusalén, almas cariñosas pero entrometidas, desean obstaculizar el goce divino de esta alma. Tras sus vanos intentos de despertarla, el Novio habla en su favor y, sosteniéndola en Sus brazos, los conmina a que no despierten Su amor. En su descanso, ella le agrada más que con toda la actividad externa que pudiera llevar a cabo. «No la despertéis —dice Él— siguiendo vuestros planes, sea directa o indirectamente. Que descanse hasta que a ella le agrade, porque esto es lo que Yo deseo».

Verso 8
¡La voz de mi amado!
Miradlo, aquí llega,
saltando por los montes,
brincando por las lomas.

Dormida a todo lo demás, el alma solo atiende a la voz de su Amado. La escucha y reconoce de inmediato. *¡La voz de mi amado!,* exclama ella. «La conozco, la oigo, y su impacto borra toda duda». ¿Pero qué es lo que estás diciendo, oh Amante? Por amor soñabas, dormida en los brazos divinos de tu Amante, ¡pero ves al Buen

Amado saltando por las montañas y brincando por las colinas! ¡Qué bien encajan todas las piezas!

El Novio abraza a Su Amante y vive dentro de ella. La rodea por fuera y la traspasa por dentro; en este sueño místico lo siente ella así. Se hunde en ella y se une a ella. No solo está unido en las potencias que están en las colinas, sino más aún, ahora Él viene por las montañas, el centro del alma. De cierto que la toca con Su unión inmediata. El alma entiende que esto es distinto a la unión con las potencias y este tocar le causa una enorme impresión, aunque esta unión todavía no sea permanente ni duradera.

Verso 9
**Es mi amado como una gacela,**
**parecido a un cervatillo.**
**Mirad cómo se para**
**oculto tras nuestro muro,**
**mirando por las ventanas,**
**atisbando por las celosías.**

Mientras el alma disfruta de los dulces cuidados del Novio, cree que durarán siempre. Pero las señas de Su amor también actúan como marcador de la inmediatez de la partida. En cuanto ella saborea la dulzura de esta unión, el Novio se desvanece por completo. Compara ella Su rauda desaparición con el actuar de una gacela o cervatillo.

No obstante, aunque mucho se apene por este extraño abandono y piense que se ha marchado lejos, de repente se da cuenta que el Novio la observa de cerca. Solo se había ocultado para probar su fe y la confianza depositada en Él. Nunca le ha quitado *Su ojo* de encima, la ha protegido aún más, pues Él está unido a ella mucho más de lo que nunca antes lo estuvo. Siempre la sostiene, aunque no siempre le vea. Solo le palpa esporádicamente. Ahora entiende la vigilancia de Dios y lo aprende día a día. Observamos que Él se para en pie porque no es tiempo ahora de descansar o sentarse siquiera, sino de correr. Por tanto, está en pie parado como si estuviera preparado para marcharse.

Verso 10
**Mi amado habla, y me dice:**
**Levántate, amor mío, hermosa mía,**
**y vente.**

Dios ha virado completamente el alma hacia su centro por los poderosos y puros abrazos que la prepararon para el matrimonio espiritual. Lo divino hace que ahora ella tome el camino que parece conducir en sentido opuesto al que llevaba. Ahora la saca de sí misma aplicando la muerte mística. Hablando a esta alma, el Amado la invita a avanzar con presteza. Ha dejado de ser tiempo de descanso, pues Él le ordena que se levante de su descanso.

Ahora que ha cambiado de estación en su vida, Dios llama al alma con fuerza y dulzura a despertarse y a salir. «Eres hermosa, amada mía; reflejas mi belleza de mil formas distintas. *Levántate, Amada mía,* porque ahora te escojo como mi Esposa, *mi preciosa,* pues con mis ojos veo mi belleza en ti de mil maneras. *Paloma mía,* sencilla y fiel, ponte en pie y sal, pues ahora tienes todas las cualidades necesarias para abandonarte a ti misma. Te atraje adentro de ti, y ahora te pido que salgas de ti».

Este salir difiere del que se ha hablado antes en el capítulo 1 versículo 7, en el que ella dejó las gratificaciones naturales para agradar a su Amado. Con mayor intensidad, esta partida requiere que ya no se posea a sí misma, sino que sea hallada solo en lo divino. Dios es quien ahora transporta al creyente desde el mundo de la criatura hasta su original, como se enuncia en el siguiente párrafo.

Verso 11
**Porque, mira, ha pasado el invierno,
las lluvias cesaron, se han ido.**

En la vida espiritual, la existencia del invierno acontece de forma interna o externa. Cuando es invierno en el mundo exterior, el mundo interior se hace como el verano que llama al alma a profundizar en sí misma, procurando un profundo recogimiento mediante el poder de la gracia. Cuando es invierno por dentro, el verano empieza a aflorar por fuera y pide al alma salir por gracia a un entendimiento ampliado del abandono de uno mismo[16]. «El invierno externo ha terminado», dice el Novio. Durante este tiempo, el alma podría haber sufrido congelación por el frío intenso, por la humedad de las lluvias y por haberse visto sobrepasada por las tempestades y nevadas de pecados e imperfecciones que tan fácilmente se contraen al comerciar con el mundo. El alma que ha hallado su centro ya no teme las tormentas de afuera, pues las lluvias se secan. Sería cosa imposible, excepto acometiendo una traición profunda, tomar placer en nada externo del mundo.

Con esta forma de hablar, *el invierno ha pasado* significa que, del mismo modo que el invierno trae la muerte a todo, ahora en esta alma todos los negocios exteriores son como muerte y ninguno de ellos satisfará. En esta renovación de la inocencia, si alguna cosa proporciona placer al alma, es verse libre del antiguo veneno que tenía entre manos.

*Las lluvias han cesado y se han ido* también significa que ella puede salir sin temor al invierno. Con la ventaja de que el invierno destruyó y mató lo que antaño estaba vivo para ella, este invierno extremo ha purgado todos los gérmenes y la infección de la tierra.

---

[16] Es decir, cuando por fuera el alma es incapaz de 'buenas obras' y está completamente 'muerta', es tiempo de vida y fruto interior, y viceversa: cuando por dentro el alma está 'fría y muerta', por fuera Dios le permite mostrarse florida y hermosa haciendo 'buenas obras'. La autora habla de su propia experiencia, por supuesto.

Verso 12
**La tierra muestra las flores,
ha llegado el tiempo de la poda,
y el arrullo de la tórtola
se deja oír en nuestra tierra.**

Llamándola a un florecer, Dios tiene comunión con ella y le deja saber que está siendo conducida a Su tierra. Él denomina a esto *nuestra tierra*. Cristo la ha comprado para ella por Su redención; el terreno le pertenece a Él por causa de ella y le pertenece a ella por causa de Él[17]. Él dice que han aparecido las flores que nunca se marchitan y que jamás temerán al invierno.

Dice que *ha llegado el tiempo de podar la viña*; este vino es la Esposa y ahora debe ser podada, cortada y destruida.

«Mi humanidad (simbolizada por la voz de la tórtola) te invita a perderte y esconderte junto a Mí en el seno de Mi Padre. Ahora escucharás esa voz para mejor fruto, cuando vengas a la tierra a la que te llamo, tierra que aún no conoces. Mi voz de inocencia y sencillez te satisfarán. Esta es muy distinta a la tuya»[18].

Verso 13
**La higuera ya madura sus brevas,
Y las vides en cierne exhalan su olor.
¡Levántate, oh amada mía, hermosa mía, y ven!**

Esta primavera es eterna. Al mismo tiempo, esta primavera tan preciosa se mezcla con los frutos del otoño y el ardor del verano.

---

[17] Qué hermosa enseñanza. Hace una clara referencia a (*nuestra tierra*), haciendo este juego de palabras: Todo el Cuerpo es de Cristo por causa de la Iglesia y todo el Cuerpo es de la Iglesia por causa de Cristo. La autora en este punto se identifica a sí misma como 'Iglesia'.

[18] Para entender este libro hay que leer primero su biografía, donde expresa todos estos procesos interiores. Esta etapa suya coincide, desde nuestro punto de vista, con su inicio externo del ministerio (cuando abandonó Francia para ministrar en Suiza y alrededores). Ella misma da testimonio de que antes de partir (y tras muchos sufrimientos) ya tenía una 'estabilidad interior' muy marcada. Digámoslo así, 'ya había entrado en unión permanente con Cristo'.

El Novio señala las tres estaciones que transcurren con flores y frutos y ya no habla del invierno. Cuando el alma llega a esta nueva tierra, descubre que tanto los inviernos externos como internos han acabado.

Para el alma que ha desembocado en Dios, el invierno ha pasado. Ahora hay una sola estación compuesta de las otras tres estaciones reunidas en una sola e inmortalizada por la pérdida del invierno. Antes, cuando el alma tenía un invierno interior, el alma había vivido todas las estaciones de la vida espiritual. Ahora entra en una primavera, verano y otoño perpetuos. La dulzura de la primavera se da la mano de la fuerza del verano y la fructificación del otoño. Los calores del verano ya no merman la belleza de la primavera o la fertilidad del otoño. Los frutos del otoño ya no presentan obstáculo al goce de la primavera o a la intensidad del verano.

¡Oh, feliz Tierra! ¡Dichosos los que pueden poseerte! A todos se nos implora, como a la Esposa, a salir del ego para entrar en esta tierra. Es una promesa para todos. Cristo, quien posee esto por derecho de nacimiento por Su sangre, nos invita a todos con insistencia a que vayamos. Nos concede la senda que lleva a esta tierra eterna y nos atrae con Sus intensas inspiraciones. ¿Acudiremos prestos?[19]

---

[19] Guyón está pidiendo valentía para entrar en este lugar feliz, pues creía que muchas personas que se embarcaban en el camino espiritual se paraban después por negarse al cambio y a enfrentar nuevas situaciones.

Verso 14
¡Oh paloma mía!
Tú, que anidas en las hendiduras de la peña,
en las grietas de la escarpa:
¡Muéstrame tu rostro!
¡Hazme oír tu voz!
Porque dulce es tu voz,
y agraciado tu rostro.

«Paloma mía —dice el Novio—, mi sencilla, pura y fiel paloma cuyas cualidades se concentran en el fondo de ti como en la hendidura de una pared. Vosotros, los que estáis escondidos en mis heridas, las hendiduras de la roca viva, mostradme vuestro rostro[20]». Oh Novio, ¿pero por qué dices esto? ¿No está tu Amada del todo vuelta hacia Ti? ¿Por qué entonces pides verle el rostro? Da la impresión de que está totalmente oculta en Ti y, sin embargo, no la ves. Deberías escuchar su voz, pues ella calla delante de todos excepto de Ti.

¡Oh, admirable guía de la sabiduría divina! La pobre alma cree que, para comunicarse con su Novio, debe continuar sumergida profundamente en divino recogimiento y sigue intentando hacer esto con todas sus fuerzas. Pero, al contrario, Dios ahora la llama afuera y desea que se abandone a sí misma. Es por esto que dice *muéstrame tu rostro*. «Que tu voz suene en Mis oídos y vuélvete hacia Mí, pues he cambiado Mi morada». Lo divino le garantiza que su voz es dulce, quieta y tranquila, y parecida a la voz del Novio cuya voz no se oye con sonido de palabras. «Tu rostro —añade Dios— es precioso». La porción superior del alma ya tiene todas las ventajas de la belleza. Te falta una sola cosa: ¡sal de ti misma!

Si el Novio no atrajera a la Amante hacia afuera forzosa y dulcemente, ella nunca se abandonaría a sí misma. Ahora se siente atraída hacia afuera con mayor poder que el que sentía

---

[20] Ver paralelismo con éxodo 33:22, *la hendidura de la roca* donde Dios escondió a Elías y donde se percibe a la roca como algo *vivo*.

anteriormente a recogerse hacia adentro. Pues se requiere más energía para sacar al alma hacia afuera que para hundirla hacia adentro. Aun la dulzura que experimenta en su recogimiento contemplativo la llama a abandonar este goce interior, pues la amargura de lo externo es cosa harto difícil. Sucede que, al salir hacia afuera, muere y se pierde en Él[21].

Verso 15
¡Cazadnos las zorras!
Las zorras pequeñas
que echan a perder las viñas...
¡Nuestras viñas en flor!

La Amante fiel ora a su Amado que se lleve a las pequeñas zorras, los pequeños defectos que empiezan a aparecer en su vida. Estos problemas estropean el vino interior, al que llama viñas en flor. Ella disfruta con alta estima de este vino florecido porque espera que pronto tenga fruto.

Pobre alma, ¿cómo podrás abandonar este vino al que tanto te has aficionado sin darte cuenta? ¡Oh! ¡El Maestro permitirá que las pequeñas zorras hagan estragos, que destruyan las flores, que provoquen una extraña desolación! Si el Maestro no lo permitiera, te enamorarías tanto de ti misma que nunca progresarías.

---

[21] En los primeros pasos del camino hacia Dios, el alma tiende a recogerse, a mirar hacia dentro de sí misma. Una vez hallado allí el lecho nupcial y las caricias de Dios, este le pide al alma que no se quede ahí, sino que debe *perderse en Él completamente* en un salto de fe aún mayor, una pérdida absoluta de sí misma, muriendo incluso al disfrute de ese recogimiento hacia adentro donde el alma había hallado tanto refugio y seguridad. Otra forma de explicarlo quizás sería como un río que, durante su viaje hacia el mar, mira al mar (allá a lo lejos); y cuando llega al mar, debe dejar de mirarlo a lo lejos y acostumbrarse a un cambio radical, que es formar parte de ese mismo mar en un abandono absoluto. Este «entrar adentro» para luego «salir afuera» también sería algo así como: «Alma mía, sigue adelante, no te pares, ve tras los pasos de Cristo allá donde vaya, piérdete en Él olvidándote de ti misma».

Verso 16
**Mi amado es mío y yo suya;**
**él pastorea entre los lirios.**

¡Oh, cuán inestimable la dicha del alma que se deleita sin reservas en su Amado y escoge al Amado sobre todas las cosas! La Amante se emborracha y fortalece de felicidad con los cuidados del Novio. Lo divino permite esta manifestación para que se abandone a sí misma. El alma piensa que ya ha llegado al monte de la felicidad y a la cúspide de la perfección justo antes de consumar su matrimonio espiritual. Le pertenece al Amado y coopera sin fisuras con la voluntad divina. Él reposa a su lado y pasta entre los lirios de su pureza. Él se alimenta de Sus propias misericordias y virtudes. Él se sustenta de la inocencia y pureza para que nosotros podamos alimentarnos de lo mismo. Lo divino nos invita a comer la mejor comida junto a Él, como dice en otro lugar. *¡Bebed y comed, amigos míos!* (Cantares 5:1). *¡Oídme atentamente y comed lo bueno, y deléitense vuestras almas con manjares!* (Is. 55:2).

Verso 17
**Hasta que despunte el día**
**y declinen las sombras.**
**¡Vuelve, hermano mío! Sé como un venado**
**o como un cervatillo por colinas escarpadas.**

El alma empieza a ser consciente de que no ve al Verbo y ella cree que se esconde durante la noche o está dormido en un lugar de descanso. Ella dice: «Oh, querido Novio mío, siendo como vivo bajo el mismo techo que tú, ¡regresa a mí para que pueda sentirte! Déjame disfrutar de tus dulces abrazos hasta que rompa el día para que pueda tener certidumbre de tu presencia. Y deja que las sombras de la fe se desvanezcan para que den paso a la suave luz de la visión clarividente y del gozo de antaño». Haciendo memoria de la unión transitoria que en una ocasión disfrutó, clama: «Acude presto a mí, si así lo deseas, como un pequeño ciervo que salta.

Pero ahora, encuéntrate conmigo en la montaña donde una vez más podamos disfrutar de la unión del centro que ya habíamos disfrutado de forma tan dulce y provechosa».

# 3

Verso 1
En mi lecho, por la noche,
busqué al amor de mi alma,
lo busqué y no lo encontré,
lo llamé pero no dio respuesta.

Para sorpresa suya, el alma esperaba el favor de la presencia del Novio, pero en vez de ello descubre una difícil ausencia. Con anterioridad, lo divino le había concedido favores cuando ella no los esperaba; ahora los espera y no llegan. Sorprendida de esta ausencia prolongada, ella lo busca en su pequeña cama (que es su interior) durante esta noche de la fe. Pero (¡tristemente!) no halla lo divino, a pesar de que antaño se habían visto aquí porque en su interior había recibido la experiencia más descarnada de lo divino.

Pero, oh Amante, no es allí donde puedes hallar a tu Novio. ¿No sabes que Dios te dijo que ya no lo buscaras en tu ser interior sino en el ser mismo de Dios? Ahora serás incapaz de encontrar lo divino en ninguna parte excepto en el interior de Dios[vii]. Recompónte y apresúrate a entrar en las profundidades de Dios. ¡Oh, cuán maravilloso el plan del Novio! Cuando más profundamente ama el Novio a la Amada, más huye de ella con crueldad. Pero esta crueldad rebosa de amor, pues sin ella el alma nunca se alejaría de sí misma y, consecuentemente, nunca se perdería en Dios.

Verso 2
**Me levantaré ahora e iré por la ciudad,**
**por las calles y por las plazas.**
**Debo hallar al que ama mi alma.**
**Lo busqué, pero no lo encontré.**

¡Mirad ahora el milagro efectuado por la ausencia de Dios! ¿Cuántas veces había Él implorado a Su Amante que dejara su reposo y era incapaz de hacerlo? La llamaba con dulce ternura, sin embargo, embriagada de la paz y quietud divinas, no había forma de que ella emprendiera la marcha.

¡Oh alma fiel! Aunque no haya manera de despertarte, el descanso que saboreaste en ti misma es solo una sombra comparado con el reposo que hallarás en Dios. En esta infeliz ausencia del Amado, alejado del lugar de descanso, ella exclama: *ahora me levantaré*. Este lecho, antaño un paraíso, ahora se ha transformado en un infierno porque mi Amado se ha marchado. El paraíso sería como el infierno si Dios no estuviera allí.

«Buscaré en la ciudad y ciertamente en el mundo que antes detestaba». Ansiosa de poseer al Novio del que se ha enamorado, el alma dice con sencillez de niño que quiere que lo divino sea su meta final. Su debilidad le impide buscar a Dios directamente en Su ser divino. Como no halla a Dios, empieza a buscar en *toda* criatura y en mil lugares donde no está lo divino. Corriendo de aquí para allá, ocupa su tiempo junto a la criatura con el pretexto de buscar al Creador. Aunque su tarea sea infructuosa, busca porque su corazón ama y no puede detenerse hasta que encuentre el objeto de su amor. Nada encuentra porque Dios no desea ser hallado en las criaturas, sino que desea ser buscado en el ser divino. Cuando ella desemboca en Dios, aprende la preciosa y deleitosa verdad de que su Amado está en todo y en todas partes. Todo es Dios, así que es incapaz de discernir nada fuera de Dios, quien está en todas partes sin estar contenido en ningún lugar.

## Verso 3
**Me hallaron los guardas que rondan la ciudad.**
**¿Habéis visto al que ama mi alma?**

«Como no podía encontrar a mi Amado en una criatura mortal, le he buscado entre esos espíritus dichosos que merodean por la ciudad protegiéndola. Me hallaron porque siempre están velando. Estos son los guardianes que Dios ha puesto en las murallas de Jerusalén (Isa. 62:6). Nunca callarán ni de noche ni de día. Les pedí noticias de mi Amado, de Aquel por el que ardo de amores. Aunque los guardianes lo tenían, no podían dármelo». No hallando a Cristo en la tumba, María Magdalena lo busca por todos lados preguntando a ángeles y personas, pero nadie le puede informar del Amado excepto Él Mismo (Jn. 20:11-18).

## Verso 4
**Apenas los había pasado,**
**cuando hallé al que ama mi alma,**
**me prendí de él y no quise soltarlo,**
**hasta que lo introduje en la casa de mi madre,**
**en la alcoba de la que me concibió.**

El alma que ha dejado el ego atrás encuentra ahora a su Amado, que se muestra con nuevos encantos. Ahora ella cree que esta próximo el momento de consumar el matrimonio divino. Anhela entrar en esta unión permanente. Exclama arrobada de gozo: «¡He hallado al que ama mi alma! Le abrazo y no dejo que se marche». Cree que puede retenerle y que la única razón por la que la abandonó fue por alguna falta que hubiera ella cometido. Sigue diciendo «le abrazaré tan fuerte y con tanta fidelidad dependeré de

Él que nunca le dejaré ir hasta que le haya traído a la casa de mi madre. El ser mismo de Dios, allí donde fui concebido y dado a luz, es la casa de mi madre, puesto que Dios es mi fuente y origen».

¿Pero qué clase de lenguaje es este, oh alma inocente, siendo que Dios es el responsable de llevarte hasta ahí? ¿No es Él quien debería llevarte allí y tú dejarte guiar? Pero el amor cree que todo es posible igual que María creía que podía llevarse el cuerpo del Señor (Jn. 20:15). La pasión que tiene le hace decir que guiará a Dios. Lo único que ella quiere es estar con Dios y vestida de Dios.

Verso 5
¡Os conjuro, oh hijas de Jerusalén,
por las gacelas y por las ciervas del campo,
que no molestéis al amor ni lo despertéis hasta que él quiera!

Lleno de compasión ante la primera prueba interior que sufre la Esposa desde que fue dada a luz, el Novio vuelve a comunicar Su unión elemental. La pobre alma, confusa al poseer semejante tesoro, se duerme y, perdiéndose a sí misma, parece caer como muerta en los brazos del amor.

Aquí es posible aprender que el gran sufrimiento que conlleva la búsqueda de Dios palidece en gloria en comparación con el grandísimo gozo de poseer lo divino objeto de adoración. En Romanos 8:18, San Pablo dice algo parecido cuando nos comenta que los mayores sufrimientos de la vida no pueden compararse con la gloria que será revelada en nosotros. Su Amado no quiere despertarla porque retrasaría su muerte y mermaría su felicidad[22].

---

[22] Cuando la persona está dormida místicamente, progresa mucho en la vida espiritual. Despertar a la persona significaría privarla de la presencia de Dios.

Verso 6
**¿Qué es lo que sube del desierto**
**como columnas de humo,**
**perfumado con mirra e incienso,**
**y con todos los aromas del mercader?**

Al ver en ella las perfecciones y el fruto de las misericordiosas visitaciones del Novio, los amigos de la Novia expresan su sorpresa diciendo «¿quién es esta que sube del desierto como una columna de humo?». En la medida en que el Amante se purifica en los brazos del Novio, ella emerge de estos abrazos como un vapor sutil que casi queda consumido por el feroz amor. Su humo sacro sube directamente como consecuencia de su integridad; ella se hace cada vez más grácil, cosa que revela la pureza de su espiritualidad. Este humo, compuesto de los aromas escogidos de todas las virtudes, flota libremente sin solidez ni consistencia. ¿Quién es el responsable de este humo ascendente, tan directo y fragrante? Proviene del desierto de la fe. ¿Adónde va? A su reposo en Dios.

Verso 7
**¡He aquí la litera de Salomón!**
**Escoltada por sesenta valientes**
**de entre los héroes de Israel.**

La Amante, consciente de que el matrimonio se acerca por estar ella alejada de sí misma, cree que solo resta una cosa por hacer. Esto lo entiende sin lugar a dudas, pero, tristemente, quedan muchos obstáculos en el camino que conduce al triunfo. Esto es, el que conduce a Dios, a la litera del verdadero *Salomón*. Para alcanzar el lecho, el alma debe pasar por entre sesenta de los valientes de Israel. Estos guerreros celestiales representan los atributos divinos que rodean el lecho real y cierran el paso a todo aquel que no esté en un estado de perfecta aniquilación. Son los más valientes de Israel, el símbolo de las almas contemplativas. A través de los atributos divinos, estos valientes hallan la fuerza de Dios y la manifiestan a toda la humanidad.

Verso 8
**Todos ellos empuñan espada,**
**expertos en la batalla.**
**Cada uno tiene su espada sobre su muslo**
**por los peligros de la noche.**

Todos sostienen espadas para entrar en combate con las almas que, por secreta presunción, atribuyen al ego lo que pertenece en exclusiva a Dios. Esto les hace exclamar con voz valiente «¿quién es cómo Dios?». Primero, la justicia divina pelea contra las buenas cualidades que el hombre pudiera atribuirse a sí mismo en su propia justicia. Tras este combate, de inmediato la fuerza de Dios convierte en polvo el poder de lo humano. Esta experiencia hace que la persona entre en el poder del Señor donde él o ella hace memoria de que la rectitud proviene solamente de Dios (Salmos 71:16). La providencia de Dios también embiste a la clarividencia humana y a todas sus cualidades, que son privadas de su poder porque es necesario que el alma sea destruida de todos estos asuntos antes de ser admitida en la litera de Salomón. El alma desea ser una novia y que su matrimonio se consuma. Cada uno de estos grandes guerreros tiene su espada en su muslo. Esta espada simboliza la Palabra de Dios, íntima y penetrante. El Verbo eficaz encuentra y destruye cualquier presunción que se esconda en el alma.

El Verbo increado manifestado en lo profundo del alma actúa y reduce a cenizas todo cuanto se oponga. El Verbo explícito se manifiesta expresándose y, como un rayo centelleante, actúa de inmediato. Dios actuó de igual manera en la encarnación de Jesús (Sal. 33:9, *porque Él dijo y se hizo)* e imprimió sobre Su humanidad las cualidades de la omnipotencia de Dios. Lo divino entró en el mundo caído de la criatura para destruir su soberbia y entró en su debilidad para derribar su fortaleza. Lo divino tomó la forma de los pecadores para aniquilar su justicia propia. Dios hace lo mismo en el alma humillándola, debilitándola y cubriéndola de miseria.

Pero la pregunta permanece. ¿Por qué dice la Escritura que están armados por miedo a la noche? Entendemos aquí que, cuando el ego se adueña de la justicia, mantiene al alma en oscuridad y en noche de melancolía. Los atributos divinos están armados y se enfrentan a la justica del hombre para que no usurpe lo que solamente le pertenece a Dios.

## Verso 9
**El rey Salomón hizo para sí un palanquín de maderas del Líbano.**

El Hijo de Dios, el Rey de Gloria, ha hecho un trono de humanidad a través de Su encarnación y sobre él reposará por toda la eternidad. Todas las criaturas verán la magnificencia de este carro triunfal. Este asiento real está hecho de madera de Líbano porque Cristo descendió según la carne de los patriarcas, profetas y reyes conocidos por su santidad y carácter[23]. Como declara San Pablo, el Verbo de Dios vive en todos por virtud del trono de la majestad de Cristo, y esto de la misma manera en que Dios vivía dentro de Jesucristo reconciliando al mundo por Su gracia (2 Cor. 5:19).

Jesucristo construye un trono en cada alma, Su lugar de residencia adornado con gran magnificencia y eternos deleites. Cristo compró Su trono con Su sangre y lo santifica con gracia para poder reinar allí como Soberano. Porque del mismo modo que Dios reina en Jesucristo, Cristo reina en los corazones puros, aquellos que en nada se resisten ni le desagradan. Prepararemos Su reino y

---

[23] También en Su linaje hay sangre de prostitutas y grandes pecadores, pero no por ello de menos santidad y carácter.

participaremos de Su realeza (Lc. 22:29) como el Padre de Cristo preparaba Su reino y comunicaba Su realeza.

El cimiento natural sobre el que se asienta el trono espiritual del Rey de reyes es la humanidad representada por los árboles del Líbano[24]. Esos árboles altos y valiosos conforman un cimiento natural para el Hombre que después habría de simbolizar esa altura y valor.

La propia Esposa de este cántico representa un modelo de este trono venerable para que el resto de Amantes del Novio celestial puedan animarse a perseguir una felicidad semejante a la suya. En la nueva luz que le es dada para conocer y profundizar en la unión elemental, ella habla así en el siguiente párrafo:

Verso 10
**Hizo sus columnas de plata,
su respaldo de oro, su asiento de púrpura,
su interior decorado con amor
por las hijas de Jerusalén.**

Las columnas de la sacra humanidad de Jesucristo están hechas de plata. Esta plata refinada y brillante representa el despliegue de Su alma con sus potencias y Su cuerpo con sus sentidos en completa pureza. El misterioso respaldo del trono hecho de oro respalda a Cristo en la persona del Verbo. Como muchas veces se expresa en las Escrituras, el oro simboliza a Dios. El trono está adornado de púrpura que expresa el ser de Dios Padre, el lugar donde mora el Verbo. Este lugar se convirtió en el derecho de Cristo porque Su generación es eterna. Cristo se hizo humano y se sometió voluntariamente al decreto de la justicia divina. *¿Acaso no era necesario que Cristo sufriera estas cosas, muriera y entrara en Su gloria?*

---

[24] El Arca de la Alianza es un ejemplo similar. El interior estaba hecho de madera (humanidad) después recubierta de oro (que representa la gloria de lo divino). El ejemplo de Guyón sigue la misma línea.

(Lc. 24:6). El centro de esta carroza triunfal está adornado con adornos valiosos, el mayor y más precioso de ellos siendo el amor, pues en Jesucristo están escondidos todos los tesoros de la sabiduría, conocimiento y plenitud de la Deidad encerrados en una forma humana (Col. 2:3,9). Puesto que el don del Espíritu de Dios no tiene fronteras, el Espíritu Santo llena este trono mayestático. El Espíritu es el Amor del Padre y del Hijo, y, por ende, el amor que ama a la humanidad. El Santo Espíritu es en enlace que une a las almas puras con Cristo. El Salomón divino lo ha hecho y sufrido todo por Sus elegidos, las hijas de Jerusalén.

Dios prepara a Su Amante un santuario del mismo modo que ha hecho uno para Jesús. Las columnas de plata, los dones del Santo Espíritu, se fundamentan en el cimiento de la gracia divina, el material del que están hechos. El respaldo de oro simboliza el cimiento de Dios. El alma preparada para servir como trono y respaldo real de Cristo merece este santuario tan oneroso. El alma ha de verse desprovista de todo sustento de las criaturas. El trono es todo púrpura porque dice *solo mediante tribulación podemos entrar en el reino de Dios* (Hechos 14:22). De igual manera, *debemos sufrir con Cristo para reinar con Él* (2 Tim. 2:12). Esto es aún más cierto para aquellos que son llamados a lugar prominente en el reino interior y que son honrados en esta vida con las nupcias del Novio celestial. Los cristianos nominales abandonan este mundo siendo salvos, pero cargados de deudos e imperfecciones. En cuanto a las almas del interior, experimentan un número inconcebible de dolores, reproches y destrucción. Y, por fin, el centro de todo ello es tapizado de amor porque estas almas, sostenidas en los tronos vivientes del Altísimo, repletas de adornos de amor, también están adornadas con todos los frutos del amor entre los que están las buenas obras, los méritos, los frutos del Espíritu y la práctica de las virtudes más puras y fuertes.

¡He aquí tu llamado, oh hijas de Jerusalén! ¡Novias de lo interior, almas que oráis! ¡Mirad lo que el Rey de reyes, el Rey de Paz, ha obtenido y os ofrece, si es que habéis de darle vuestro amor! Sobre este precioso cimiento, la Novia y el Novio cantan las magnificencias que se intercambian en los capítulos siguientes.

Verso 11
**Oh muchachas de Sion,**
**salid a contemplar al rey Salomón**
**con la diadema con que su madre lo coronó el día de su boda,**
**el día del gozo de su corazón.**[25]

Cristo invita a todas las almas del interior, hijas de Sion, a que salgan fuera de sí mismas y de sus imperfecciones para contemplar al Rey Salomón con la corona de gloria que Dios le ha dado. La naturaleza divina actúa como madre para la naturaleza humana y corona al alma interior con poder regio. De forma similar, la naturaleza divina corona a Cristo en el día de Su matrimonio con una gloria que es tan sublime como infinita e inmortal. ¿Pero cuál es el día de la boda del Cordero? El día en que Cristo ascendió a los cielos para ser recibido a la diestra del Padre, un día de gozo eterno. Mirad, hijas de Sion, cuántos regalos divinos quiere Él compartir con vosotras.

---

[25] Es decir, el día del gozo del rey Salomón. El hebreo refiere a la dicha del rey y no de la madre, aunque esta también se gozara.

# 4

Verso 1
He aquí eres hermosa, amada mía.
¡He aquí, eres hermosa!
Tus ojos son palomas
a través de tu velo,
tus cabellos como un rebaño de cabras
que descienden al alba del monte Galaad.

Aunque el Novio no puede admitir a la Esposa en Su lecho nupcial, el seno de Su Padre, ya la encuentra muy hermosa; sí, más hermosa que nunca. Sus pecados ya no son cardinales, apenas son ofensas, se asimilan más bien a los defectos de su naturaleza dura y contraída. Ahora sufre un dolor increíble en su expansión espiritual porque quiere unirse a Dios. Es muy hermosa tanto por dentro como por fuera, y más hermosa que nunca, pero ella no cree esto porque no está siendo recibida en Dios. Es por ello que, incluso sin aquello que queda oculto a ella, el Novio aquí le asegura que es muy bella y su belleza es más intensa que ninguna cosa mostrada externamente o se pueda expresar o imaginar.

Por tu fidelidad, rectitud y sencillez, tus ojos son como de paloma. Tu rectitud envuelve tu vida interior y exterior. Las Escrituras recomiendan encarecidamente la virtud de la sencillez que nos hace (1) actuar hacia Dios incesantemente sin dudar; (2) actuar de modo directo sin tantear carnalmente; (3) actuar con supremacía espiritual sin intencionalidad, motivación o plan preconcebido. Actuamos con ojo sencillo para el buen placer de Dios. Cuando la sencillez es perfecta, es posible que muchas veces nos movamos sin pensar en ello. Actuar en sencillez con el prójimo implica actuar con franqueza sin fingimientos; con sinceridad sin disfraz; y con libertad sin ataduras. Estas acciones son los ojos y el corazón de la paloma que tan queridos son para Jesucristo.

Los afectos que brotan del corazón, representados por el pelo, se alzan sobre todo lo terrenal y los dones más excelentes hasta que alcanzan al Señor. Separados por completo de las cosas terrenales, se parecen a las cabras que viven en las montañas más agrestes.

Verso 2
**Tus dientes, cual rebaño de ovejas trasquiladas,**
**que suben del lavadero,**
**todas con crías gemelas**
**y ninguna estéril entre ellas.**

En representación del entendimiento y la memoria, los dientes sirven para mascar y considerar las cosas que queremos saber. Estas potencias del entendimiento y la memoria ya han sido purificadas, y también la imaginación y la fantasía. Estas potencias se comparan acertadamente con las ovejas trasquiladas por su sencillez, consecuencia de su unión con las personas divinas. Para que ya no estén confusas como solían estar, han sido desprovistas de sus deseos excesivos y, también, de las potencias desordenadas que razonan y actúan de una forma introspectiva. Pero aun desprovistas de estas operativas, no son estériles ni infecundas. Por el contrario, llevan doble fruto que es puro y perfecto. Porque las potencias nunca son más fecundas que cuando pierden la referencia al ego y se desvanecen en Dios, su centro.

Verso 3
**Tus labios son como una cinta de grana,
y tu hablar todo un encanto.
Tus mejillas, cual granada partida
detrás de tu velo.**

Los labios, que representan la boca y voluntad del alma, desean besar lo que aman. Y como la voluntad de esta Amante solo ama a Dios y todos sus afectos se apresuran a lo divino, el Novio los compara a un lazo tintado de escarlata. Esto significa que los afectos se aúnan bajo una voluntad sencilla que consiste en amor y caridad. Esta voluntad utiliza toda su fuerza para reunirse en su objeto divino.

«Tu *hablar* —añade él— *es dulce* porque tu corazón habla un lenguaje que nadie, excepto yo, puede entender, pues me hablas a Mí solamente. Tus mejillas son como una porción de granada que tiene muchas semillas en un único tallo. Al igual que esta fruta, todos tus numerosísimos pensamientos se unen en uno en Mí solamente por tu puro y perfecto amor. Y, sin embargo, todas estas maravillas que he descrito son insignificantes comparadas con lo que se esconde en tu centro más profundo».

Verso 4
**Tu cuello, como la torre de David,**
**construida para albergar un arsenal,**
**de donde penden mil escudos,**
**todos paveses de valientes.**

El cuello es la fuerza del alma. Comparado con la torre de David, toda la fuerza del alma proviene de Dios, que está en la casa de Jesucristo y también de David. En muchos lugares en los Salmos, el gran Rey David testifica que solo Dios provee su auxilio, refugio, defensa y, sobre todo, que es su torre fuerte (Salmo 61). Los bastiones que rodean al alma es el absoluto abandono que el alma ha hecho de sí a Dios. Confianza, fe y esperanza fortalecen al alma en medio de su abandono. Cuanto más débil es el alma en sí misma, tanto más fuerte es en Dios. Mil escudos cuelgan de él para defender al alma frente a innumerables enemigos, tanto visibles como invisibles. Armada con la fuerza de Dios, el alma no teme ataque alguno en tanto permanezca en esta condición. Pero debemos saber que, en este punto, el estado interior del alma no es fijo y permanente.

Verso 5
**Tus dos pechos,**
**como crías mellizas de gacela,**
**que apacientan entre lirios.**

La Esposa recibe aquí en sí misma un sustento que brinda auxilio a otras almas, y este sustento está simbolizado en sus pechos. Sin embargo, más tarde la Esposa recibirá un alimento aún más fuerte que suministrar a los demás. Esto es algo que es implantado en ella en forma de germen para fructificación[26], simbolizado en

---

[26] Es decir, la leche que usa la Esposa para alimentar a otras almas es solamente un alimento 'germinal' o 'en forma de simiente' para dar más tarde un fruto (cuando el alma sea destetada). La autora se ve reflejada en la Esposa porque fue madre espiritual para otras almas, suministrándoles 'leche espiritual'.

los jóvenes corzos que son mellizos porque brotan de la misma fuente, que es Jesucristo. Se alimentan entre los lirios porque se alimentan tanto de la pura doctrina como del ejemplo de Jesucristo.

Verso 6
```
Hasta que refresque el día
y declinen las sombras,
me iré al monte de la mirra,
y al collado del incienso.
```

El Novio interrumpe la alabanza de Su Amante para invitarla a seguirle hasta la montaña donde crece la mirra y hasta los collados donde se cosechará el incienso. «Acudiré a la montaña de la mirra hasta que el día de la nueva vida que has de recibir en Mi Padre empiece a manifestarse y las sombras que te mantienen en la oscuridad de la fe desnuda huyan y se desvanezcan. Desde ahora solo me hallarás en la amargura y en la cruz. Esto será para Mí una montaña de grande dulzura en tanto tus sufrimientos se alzan como incienso hasta Mí y por medio de ellos haré reposo en ti».

Verso 7
```
¡Toda tú, oh amada mía, eres hermosa,
y en ti no hay mancha!
```

Hasta que el alma no se deshizo en amargura y sufrimientos, aunque seguía siendo bella, no fue del todo hermosa. Ahora que se ha deshecho bajo el peso de las aflicciones y tribulaciones, es toda preciosa, y no hay mancha ni defecto en ella.

El alma está ya preparada para la unión permanente si no fuera por ciertos residuos que aún quedan en ella de su anterior dureza, falta de abandono y naturaleza de esclava. Esta naturaleza limitada es un obstáculo a su dicha. No es culpa suya ni es ofensiva a ojos de Dios. Había heredado una vieja naturaleza por el pecado de Adán y su Novio transforma este defecto natural. Pero en lo que respecta a ella, la cruz ha destruido toda la belleza que la humanidad pudiera ver aunque a ojos de su Novio sea toda hermosa. Precisamente, ahora que no es bella por cuenta propia ha encontrado la auténtica hermosura.

## Verso 8

**Desciende del Líbano conmigo, esposa mía;**
**desciende del Líbano conmigo.**
**Baja de la cumbre del Amaná,**
**de la cima del Senir y del Hermón,**
**de las guaridas de los leones,**
**de los montes de los leopardos.**

El Novio la llama con el nombre de *Esposa* y la invita a correr hacia su destrucción y aniquilación para que pueda recibir el matrimonio espiritual. Le da la bienvenida a su boda y coronación.

Pero, oh Novio, ¿me atreveré a decir esto? ¿Por qué invitas con tanto fervor a una Esposa a una boda y una consumación que ya desea con tanta pasión? ¡La invocas desde el Líbano, aunque ella ya vive en Jerusalén! ¿Es esto porque a veces aplicas el nombre de Líbano a Jerusalén, o para remarcar la gran altura de esta famosa montaña, la altura a la que ya ha llegado ante Tus ojos? Habiendo avanzado unos pasos hacia lo divino, ha formado ya una alianza eterna y, sin embargo, cuando parece estar cerca de Tu lecho, sesenta hombres fuertes la repelen. ¿No hay aquí crueldad al atraerla con tanta fuerza y dulzura a un tesoro que ella estima más que mil vidas, y después rechazarla cuando parece estar a punto de conseguirlo? ¡Oh, Dios! ¿Invitas, llamas, preparas la tierra del corazón para recibir una condición espiritual antes de honrarnos con esa condición, y lo haces igual que podríamos probar un sorbo de una deliciosa bebida que luego andamos buscando con desesperación? ¡Oh! ¡No dejes que el alma sufra posponiendo lo que has prometido!

Dice Él: «*Ven Esposa Mía,* pues solo queda un pequeño paso antes de verte en esa realidad. Hasta ahora, te he llamado *Mi*

*Hermosura, Mi Amada, Mi Paloma,* pero nunca antes te había llamado *Mi Esposa».* ¡Oh! ¡Cuán dulce es este nombre! ¡Pero poseer el nombre será aún más dulce y deleitoso! *«Ven —*dice Él de nuevo*— desde la cumbre de las más altas montañas»,* que representa la práctica más pura de las virtudes más sublimes designadas por las montañas de *Amaná, Senir y Hermón,* cercanas al Monte del Líbano. «Por muy elevado que esto te parezca, y por muy alto que en realidad sea, debes venir a una mayor altura y dejar atrás todas las cosas para poder venir conmigo y reposar en el seno de Mi Padre». Aquí se llega sin intermediarios y perdiendo todo recurso humano. Al ascender muy por encima de toda cosa creada, acontece una unión sustancial e inmediata. «Pero también vendrás del foso de los leones y de las montañas de los leopardos, porque solo puedes llegar a un estado tan divino a través de crueles persecuciones de humanos y diablos que se asemejan a muchos animales salvajes. Ahora ha llegado el momento de levantarse por encima de todo esto, pues estás preparada para ser coronada como Mi Esposa».

Verso 9
iHas arrebatado mi corazón, hermana mía y esposa mía!
iMe has arrebatado mi corazón
con una sola mirada de tus ojos
y un solo mechón de pelo sobre tu cuello!

«Eres mi Hermana, pues pertenecemos al mismo Padre; y como ya me he comprometido contigo, eres Mi Esposa, pues ya estamos casados y un día conoceremos la consumación. *Hermana mía, Esposa mía».* Estas dulces palabras están dirigidas a un alma en aflicción porque la belleza que ella ama con tanto afecto no puede poseerla y, no obstante, esta belleza la adora. *¡Me has dejado el corazón partido!* Él dice *¡me has arrebatado el corazón!* «Has infligido, oh Esposa, una doble herida y un doble deleite. Mi deleite resulta de que, aun con todas tus tribulaciones, infortunios y desasosiego extremo, no apartaste los ojos de Mí para ponerlos en ti misma. Llegaste incluso a despreciar las heridas que te he causado. [viii] Tu amor puro y recto te mantuvo firme en relación conmigo, de tal talante que no te consideraste a ti misma ni tus intereses. En vez de ello, te limitaste a contemplarme con amor como tu objeto supremo».

«Pero, ¡ay! —exclama esta Amante afligida—, ¿cómo puedo yo dirigirme a ti cuando ni siquiera sé dónde estás?». No entiende que su visión se ha purificado por atender a la naturaleza divina, directa y no introspectiva. Cuando hemos olvidado al ego y a las demás criaturas[ix], se hace perentorio mirar a Dios. El ojo interior queda anclado exclusivamente en Dios.[x]

«La otra herida que me has infligido —sigue diciendo el Novio— es como cuando están unidas las muchas trenzas de tu pelo». Esto significa que todos los afectos de la Amante se combinan en Dios en exclusiva y ha perdido su entera voluntad en Dios. Así que dispara su flecha de abandono (perdiendo la voluntad de su *yo*) y como segunda flecha la rectitud (se echa sobre Dios en vez de sobre sí misma), horadando así el corazón del Novio.

Verso 10
**¡Cuánto se han hermoseado tus pechos, mi Esposa y hermana!**
**¡Se han hermoseado tus pechos más que el vino**
**y el olor de tus ungüentos es mejor que todos los perfumes!**

En un éxtasis de admiración, el Novio ve de antemano todos los triunfos que la Novia alcanzará para Él. ¡Cuán abundante será el suministró de leche que brota de su seno para alimentar innumerables almas! Porque vemos que, cuanto más avanza la Esposa, tanto más se llenan sus pechos haciendo el Novio que sean colmados de forma continua. Por eso clama Él: *«¡Cuánto se han hermoseado tus pechos!* Me deleitan y cautivan. Son más hermosos que el vino porque estos pechos contienen vino y leche, vino para los fuertes y leche para los niños».

«El perfume con el que atraes a otros a Mí *sobrepasa infinitamente todo perfume*. Pues habrá un aroma interior que solo las almas avanzadas reconocerán. Estas almas correrán tras de ti para que puedan llegar a Mí, y las traerás a Mí. Aunque este perfume secreto causará asombro en los que ignoran este misterio, lo reconocerán cuando lo experimenten. "No sé lo que tienes que me atrae. No puedo desentrañarlo, pero no puedo resistir este aroma precioso. Ha de ser el aceite del Santo Espíritu que solo el Cristo de Dios puede comunicar a las Esposas"».

Verso 11
Oh esposa mía, tus labios destilan miel,
la miel y la leche están debajo de tu lengua
y el aroma de tus vestidos es la fragancia del incienso.

El alma llega ahora a la felicidad que consiste en ser recibida para siempre en Dios. Se convierte ahora en madre y enfermera. Dios le otorga fertilidad y le da entrada en el estado apostólico. De ahora en adelante, sus labios son como un panal que produce sin cesar a favor de las almas. El Novio habla a través de la Novia, usando los labios de ella como un medio de expresión de la Palabra divina.

Él dice: «La miel y la leche son el lenguaje que os he dado. Allí coloco la miel y la leche para que se extiendan a favor de las almas que están necesitadas». La Novia es toda miel para aquellas almas que serán ganadas por la dulzura de las consolaciones. La Novia es toda leche para aquellas almas que se han vuelto sencillas y a semejanza de los niños. Dios viste al alma con una prenda que desprende el olor de sus virtudes y buenas obras. Estos aromas espirituales esparcen su fragancia por todas partes como un incienso aromático.

Verso 12
**Huerto cerrado eres, hermana mía, novia mía,
un jardín cerrado, un manantial sellado.**

El Novio alaba profusamente a la Novia para que se haga manifiesto lo que Dios desea que nos convirtamos siguiendo su ejemplo. *Mi Hermana, Mi Novia, es un jardín cerrado*, declara. «Todo lo de dentro y de fuera de ella me pertenece por completo; actúa por entero bajo Mi directriz. Ya no es la dueña de su vida, no controla ninguna de sus acciones ni de cosa alguna. Se ha convertido en una fuente viva por su unión íntima conmigo, el manantial del que ella saca su agua para dar a la tierra. Pero la mantengo en reclusión para que ni una sola gota escape ajena a Mi guía. Así pues, el agua que fluye será del todo pura, sin ninguna partícula que haga mezcla, tal y como proviene de Mí».

Verso 13
**Tus renuevos son paraíso de granados
con toda suerte de frutos deleitosos,
de flores de alheña y de nardos.**

«Tu fertilidad quedará tan aumentada que se asemejará a un jardín lleno de deliciosas granadas. Tu unión con la fuente te hace útil para todos, pues el Espíritu de Dios se revelará a través de ti en múltiples lugares». Esto sucede como en la granada, que simboliza almas unidas en amor distribuyéndose la savia a todas las semillas que contiene. Es cierto que el sentido principal de este pasaje se aplica a la iglesia, pero un alma aniquilada produce frutos maravillosos para toda la humanidad. El jardín del alma contiene cualidades que son comunes a todo ser humano, pero también los frutos individuales manifiestan rasgos propios del alma. Así que uno excede en caridad como la granada y otro muestra una dulzura sobresaliente como la manzana; otro se distingue por su sufrimiento y por dar una fragancia sublime como el ciprés; aquel otro fruto pone de relieve la devoción, la contemplación, la paz, el perfume; la Esposa aniquilada los asiste a todos ellos según sus necesidades.

## Verso 14
**Nardo y azafrán, cálamo aromático y canela,
con todos los árboles de incienso,
mirra y áloes, con los mejores bálsamos y aromas.**

A causa de Su bondad, el Novio hace que Su Esposa sea la madre de otras almas. En este pasaje Él describe las cualidades particulares que poseen estas almas. El Amante tiene todas estas cualidades y las distribuye entre las demás almas.

## Verso 15
**Eres el manantial de un huerto,
un pozo de aguas vivas,
río que fluye del Líbano.**

El Novio, descrito como venero de huerto, es fuente de toda merced y hace que las plantas espirituales broten, florezcan, crezcan y lleven fruto. La Esposa como recipiente de estas mercedes también rebosa como un venero de aguas vivas y vigorizadoras. Estas aguas descienden del Novio a través de la Novia, fluyendo impetuosamente desde las alturas de la Divinidad representadas por el Monte del Líbano. Estas aguas desbordan la tierra, que son aquellas almas que desean con sinceridad entrar en el reino interior y que soportan el trabajo involucrado en la esperanza de disfrutar de sus frutos.

Verso 16
**¡Despierta, oh Aquilón!**
**¡Ven, oh Austro,**
**y sopla sobre mi huerto**
**para que se esparzan sus aromas!**

La Novia invita al Santo Espíritu, el Espíritu de Vida, a que venga y sople su aliento a través de ella para que esta flor y este huerto lleno de fruto esparza sus aromas para auxilio de las almas. El Novio también acelera la resurrección de Su Esposa, resurrección que manifiesta una novedad de vida a través del aliento de ese Espíritu dador de vida. Este Espíritu de Vida fértil revitalizará a esta alma aniquilada y manifestará el objetivo final por largo tiempo anticipado para que el matrimonio sea consumado hasta sus últimas consecuencias.

# 5

Verso 1
¡Venga mi amado a su huerto
y coma sus preciados frutos!
¡He venido a mi huerto,
oh hermana mía y esposa mía;
he recogido mi mirra con mi bálsamo,
he comido mi panal con mi miel;
he bebido mi vino con mi leche!
¡Comed y bebed, amigos!:
¡Bebed y embriagaos, oh amantes!

El Amado dice que la Esposa es un huerto precioso, siempre lleno de fruto y flores. Ella le ruega que vaya a disfrutar de sus deleites y a comer Sus frutos agradables. Es como si ella hubiera de decir: «Solo deseo belleza y fertilidad si son para Ti. Así que entra en *Tu huerto* y hazte dueño de todo, participa en estas cosas y úsalas para el auxilio de almas favorecidas, pues yo no las merezco». El Buen Amado conviene en el deseo de la Esposa, porque Él también desea venir y compartirlo todo. Quiere que la Novia esté presente como Él mismo come primero de la mesa dispuesta ante Sus amigos. Dice *«he recogido mi mirra*, pero es para ti, Esposa Mía, porque esta sustancia de amargura te sustenta» (porque el sufrimiento nunca termina en esta vida mortal)». Pero la mirra nunca viene sola, sino que disfruta del acompañamiento de especias muy agradables. El perfume para el Novio y la amarga mirra para la Esposa. «En cuanto a mí —dice el Novio—, he comido dulzura. He bebido vino y leche; me he alimentado de lo dulce de tu amor».

Hechizado por la generosidad de Su Novia, Él invita a todos Sus amigos e hijos a que vengan y satisfagan su hambre y apaguen su sed en compañía de Su novia, un jardín viviente lleno de frutos y regado con leche y miel. Un alma fuerte como esta suple en abundancia las necesidades espirituales de toda suerte de personas y puede ofrecer un excelente consejo a cuantos acudan a ella.

La iglesia también invita a Cristo a que venga y coma del fruto de sus manzanos, lo que significa recolectar los frutos de Sus méritos manifestados en el crecimiento espiritual de los predestinados. Esta también será la actividad de Cristo en el tiempo de la Segunda Venida. El Novio responde a Su Esposa que *ya llegó al huerto* cuando se encarnó; que Él hizo acopio de Su mirra fragante, que sufrió la amargura de Su Pasión, cosa que vino acompañada de infinitos méritos. Este precioso aroma se alzó hacia Dios Padre. Añade *he comido mi panal.* Cristo practicó lo que anunciaba, y el panal significa Sus acciones y enseñanzas. Nada nos pidió que no hiciera Él antes. Por Sus méritos, nos dio la gracia para hacer lo que pide de nosotros. De este modo, el panal representa la vida de Cristo con su orden y dulzura divinos (lo que vino a ser Su comida y bebida), Su felicidad desde la perspectiva de la gloria que le había sido dada del Padre y la ventaja que esto supondría para la humanidad. *He bebido mi Vino y mi Leche.* ¿Qué vino bebiste, oh Divino Salvador, intoxicándote a tal punto que te olvidaste de ti mismo? El sobrepujante amor que Cristo profesaba por la humanidad le hizo olvidar que era Dios y le hizo preocuparse de su salvación. Un profeta dijo que el amor embriagador de Cristo le dio las fuerzas para soportar los reproches. *Bebió su vino y leche* cuando bebió Su propia sangre en la Última Cena. Su sangre en semejanza de vino era ciertamente una leche virginal. La leche simboliza la influencia de la divinidad de Cristo en Su humanidad.

Este Salvador divino invita a que acudan todos Sus elegidos, los que desean ser alimentados como Él lo fue, con reproches, ignominia y sufrimiento. El amor de Su ejemplo y pura doctrina será para ellos un vino y leche deliciosos. El vino les da fuerza y coraje para hacer todo cuanto se pide de ellos y la leche les deleitará por la dulzura de la doctrina que reciben.

Todos estamos invitados a escuchar e imitar a Jesucristo.

Verso 2
Yo dormía, pero mi corazón velaba:
¡Una voz! ¡Mi amado está llamando!
"¡Ábreme, hermana mía, amada mía,
paloma mía, perfecta mía!
Porque mi cabeza está empapada de rocío,
y mis cabellos del relente de la noche".

El alma involucrada en velar por Dios muestra un exterior que parece casi muerto, como si estuviera aturdida, en tanto el corazón guarda un vigor secreto y oculto por causa de su unión con Dios. Por añadidura, las almas más avanzadas experimentan esta sorprendente realidad: Dios parece operar en ellos con más poder durante la noche y cuando están durmiendo que durante el día.

Es entonces cuando el alma escucha claramente la voz del Buen Amado dando golpes en la puerta deseando ser escuchado. Dice *ábreme, hermana mía*: «A ti he venido, amor mío, a quien he escogido como Mi Novia. Paloma mía, sencilla, perfecta mía, preciosa mía sin defecto alguno. Considera que Mi cabeza sigue estando a rebosar de aquello que he sufrido a causa de ti durante la noche de mi vida mortal, pues por tu amor recogí el rocío de la noche en forma de la más cruel persecución. Vengo a ti de este modo para compartir contigo mi desgracia, mi ignominia y mi trastorno. Antes solo has probado la amargura de la cruz y no has experimentado humillación y desazón en su máxima expresión.[xi] Son cosas distintas, tal y como estás a punto de aprender en carne propia».

Verso 3
**Me he quitado mi vestido,**
**¿cómo lo volveré a vestir?**
**Me he lavado los pies,**
**¿cómo los volveré a ensuciar?**[xii]

La Esposa se da cuenta de que el Novio tiene la intención de compartir Su humillación con ella. Con gran temor, ahora su desaliento ensombrece su anterior valentía para aceptar las tribulaciones. Muchos están dispuestos a llevar la cruz, pero es difícil encontrar a una sola persona dispuesta a soportar voluntariamente la infamia de los demás que supone la cruz.

Después de proponer al alma soportar esta ignominia, ella teme dos cosas. Lo primero es que ella sabe que se ha librado del ego y los defectos naturales y se pregunta si tendrá que soportar este proceso otra vez. El otro temor es tener que involucrarse en las pasiones de las criaturas.[xiii] «Me he librado del ego —dice ella—, de mis defectos y del residuo del Viejo Adán. ¿Cómo podré volver a eso otra vez? No puedo concebir mayor humillación que cargar otra vez con estos antiguos problemas. Pero si recibo un desprecio inmerecido sin que sea culpa mía, lo recibo como un placer y gloria en tanto esto glorifique a mi Dios y me haga más aceptable a Sus ojos. He lavado y purificado mis afectos para entregarle todo lo que tengo por dentro a mi Amado. ¿Cómo podría volver a tener negocios con el mundo?».

¡Ay, pobre alma ciega! ¿Cómo te librarás de esto? El Novio solo quería probar tu fidelidad y ver si estabas dispuesta de verdad a hacer Su voluntad. Él fue despreciado y rechazado por los hombres (Isa. 53), cubierto de confusión; siendo la inocencia personificada fue escarnecido con insultos y contado entre los transgresores. Y tú, tan llena de culpa, ¡eres incapaz de soportar que te reprochen! ¡Ah! ¿Acaso no habrá gran sufrimiento si te resistes?

Verso 4
**Mi amado envió su mano por la rendija,**
**y mis entrañas se conmovieron por él.**

Aun a pesar de la resistencia de Su prometida, el Amado *mete su mano* por una pequeña hendidura que todavía se mantiene abierta para Él.[xiv] Esta hendidura, un remanente de abandono, todavía existe, aunque ella sienta un gran rechazo a este abandono absoluto que conllevará la pérdida de su reputación. El alma que ha alcanzado este nivel se somete profundamente a la voluntad de Dios y no le negará nada a lo divino. Sin embargo, cuando Dios hace gala de los derechos que ha obtenido sobre ella y manifiesta el plan en detalle y pide el paso definitivo y los más extremos sacrificios. ¡Ah! Entonces sus entrañas se conmueven y resulta cosa harto difícil. Se topa con dificultades que nunca hubiera anticipado porque estaba aferrada a ciertas cosas sin saberlo. Toda su naturaleza se retuerce dolorida porque esto causa la más exquisita angustia al alma.[xv] Job, el más paciente de los hombres, también experimentó esto cuando, tras sufrir los problemas más inconcebibles sin quejarse, no pudo evitar clamar cuando el dedo de Dios aterrizó sobre él. Clamaba Job: *¡Ah, vosotros mis amigos, olvidad todas mis otras dolencias que tanto espanto provocan. Tened compasión de mí solo por una causa: porque la mano de Dios me ha tocado.* (Job 19:21). Igual que Job, la Esposa tiembla ante el dedo de Dios[27].

---

[27] Guyón creía que Job era una persona que revelaba el estado interior de Cristo. Cuando Job clama en su sufrimiento, también podemos entender a través de sus palabras el estado del alma de Cristo.

Cuánto celo tienes, oh Esposo divino, de que tu Amante haga toda Tu voluntad. ¡Aunque ofrezcamos excusas aparentemente justas, no abrazarla te ofende tan profundamente! ¿Acaso no podrías haber evitado que una Esposa tan querida y fiel se resista de este modo?[xvi] Pero era cosa necesaria para consumar la unión. El Novio permite que este defecto esté presente para poder disciplinar y purificar el apego que ella le tiene a la pureza e inocencia[28]. Pues, aun ella sabiendo que estas cosas le pertenecían en exclusiva al Novio, se resistía a considerarlo como Su justicia y se había adueñado de algunos méritos.

Verso 5
**Me levanté para abrir a mi amado,**
**y mis manos destilaron mirra,**
**de mis dedos se escurrió la mirra**
**por las aldabas del cerrojo.**

Enseguida que entiende esta falta, el alma queda traspuesta de desilusión y dolor, pero se yergue y se arrepiente con una renovación de su abandono y un despertar del sacrificio requerido. La tristeza y la amargura toma posesión de todo su ser, y la parte inferior del alma se entristece. Ahora sus acciones vitales pierden su dulzura. El alma nunca ha conocido nada tan doloroso como esta pérdida.

---

[28] Cualquier pureza e inocencia le pertenecen solamente a Dios, que generosamente otorga estas cualidades. Pero casi todos en algún momento creen que estas cualidades son suyas. En esta sección, a la Novia se le recuerda que estas cualidades no son suyas. Dios puede otorgarlas, pero Dios también puede quitarlas. Esta es una dolorosa lección a aprender.

Verso 6
Abrí a mi amado,
pero mi amado ya se había ido y pasado,
y mi alma desfalleció tras Su hablar.
Lo busqué, pero no lo hallé.
Lo llamé, pero no me respondió.

Esto es como si el alma dijera: «He quitado la barrera que retrasaba mi pérdida total y la consumación de mi matrimonio. Porque el matrimonio divino solo acontece tras la pérdida total. He quitado este obstáculo por un valiente abandono y el más puro de los sacrificios. Me he abierto a mi Amado[xvii] pensando que Él entraría y sanaría la tristeza que Su mano había provocado[29]». ¡Ay, no es así! ¡El golpe sería demasiado suave si el duro trato tuviera pronto remedio! Él se esconde, huye, se va a otro lado y desaparece. Lo único que le deja a Su Amante afligida es la herida que Él ha infligido, el dolor del error que ella ha visto y su sentido de impureza.

Aunque se esconde, el Novio sigue entregando grandes favores a Sus amigos por Su gran bondad. Lo cierto es que, cuanto más severas son las privaciones, mayores son los favores que Él derrama. Derramó misericordias sobre Su Esposa, que ahora conoció una nueva fuerza interior del todo favorable, aunque no fuera consciente de ello. Su alma desfallecía cuando Él hablaba, y su alma se suavizó. Perdió esos rasgos de dureza y rebeldía interior que anteriormente impedían la consumación del matrimonio espiritual.[xviii] Ahora está totalmente preparada para fluir con dulzura hasta su origen.

*«Busqué a mi Amado pero no lo hallé;* ¡lo llamé, pero no me contestó!» ¡Oh, que aflicción tan inconcebible!

---

[29] En su Autobiografía la autora señala el dolor que le causó perder su reputación.

Verso 7
**Los guardas que rondan la ciudad me hallaron,**
**me golpearon y me hirieron.**
**Los guardas de las murallas**
**me despojaron de mi manto.**

¡Pobrecilla la Esposa sufriente! Nunca antes había ocurrido algo semejante porque antes el Novio te guardaba. Habías vivido con seguridad bajo Su sombra y habías descansado con confianza en Sus brazos. Pero desde que Él se marchó por razón de tu falta, ¿qué ha sucedido? ¡Ay! En las numerosas pruebas bajo las que Él había probado tu fidelidad, pensabas que ya habías sufrido mucho. En comparación con lo que resta por sufrir, aquello era trivialidad. Lo que habías sufrido no era más que la sombra del sufrimiento y no tenías razón para esperar algo diferente. ¿Piensas casarte con un Dios cubierto de heridas, desgarrado con clavos y deshonrado por todos sin que tú fueras tratada de igual forma? El alma ahora es golpeada y herida por los que guardan las murallas de la ciudad. Los que antes no se atrevieron a atacarla y cuidaban de ella con esmero, ahora la afligen. ¿Quiénes son estos vigilantes? Estos vigilantes, los ministros de la justicia de Dios, la hieren y le quitan esa cubierta que tanto ella aprecia, que es el velo de su propia justicia.

¡Ah, Esposa desdichada! ¿Qué harás ahora en tu lamentable situación? Tu humillación y maltrato te han dejado malherida y olvidada y se ha rasgado tu principal adorno, el velo de tu propia justicia. Si persistes en buscar al Novio, te dirán que estás loca si te presentas con este aspecto ante Él, aunque si no haces por buscarle morirás de nostalgia. Ciertamente te encuentras en una situación deplorable.

Verso 8
Os conjuro, oh hijas de Jerusalén,
si halláis a mi amado,
¿le diréis que desfallezco de amor?

El verdadero amor no tiene ojos para uno mismo.[xix] Esta Amante afligida se olvida de las heridas sangrantes y la pérdida que ha soportado, aunque ni siquiera haga mención de ello. Su pensamiento está centrado en aquel a quien ama y persevera en buscarle a pesar de enfrentarse cada vez a más obstáculos. Apela a las almas interiores y dice «oh vosotras, a quien mi Amado se revela, os encargo que le digáis que tengo mal de amores». Contestan la más hermosa de las mujeres «¿qué podríamos decirle de tus heridas y de los sufrimientos padecidos en esta búsqueda?». «¡No, no! —responde el alma generosa—, pues he sobrellevado los sufrimientos por Él. He recibido más que un pago abundante. Ciertamente, los prefiero antes que el mayor de los bienes. Pero decidle a mi Amado una palabra: "¡Languidezco de amor por Él!". Su amor provocó una honda herida en lo profundo del corazón que me ha dejado insensible al dolor externo. Sin duda, en comparación puedo afirmar que estos dolores externos son nada y, ciertamente, casi me resultan un refrigerio».

Verso 9
¿Qué es tu amado más que otro amado,
oh tú, la más hermosa entre las mujeres?
¿Qué es tu amado más que otro amado,
que así nos conjuras?

Las hijas de Jerusalén continúan llamándola *la más hermosa entre las mujeres*, pues tanto las heridas ocultas como las que se ven añaden encanto a su belleza. Las otras hijas se quedan sorprendidas al ver un amor tan fuerte, constante y fiel en medio de tantos desastres. Preguntan: «*¿Quién es este Amado?* Ha de tener una valía sin igual si ha de poseer a esta Su amante». Estas hijas de Jerusalén, espirituales pero inmaduras, no entienden de un camino tan áspero y desnudo.

Si la novia se mirara a sí misma, en su humildad podría haber dicho: *No me llames hermosa* (Rut 1:20). Pero en vez de ello, concentra todas sus energías en un único pensamiento, que es el de buscar a su Amado. Solo piensa en Él. Si cayera a un abismo no le provocaría emoción alguna. El precio que ha pagado ha sido demasiado alto cuando pensó equivocadamente que podía perder su rectitud. Esta triste ausencia de su Novio le ha enseñado que no puede ni por un instante mirarse a sí misma. Sea repulsiva o deseable, no es algo en lo que pueda pensar[30].

Verso 10
**Mi amado es radiante y lozano,
distinguido entre diez mil.**

«Mi Amado —dice el Amante— es blanco por Su pureza e inocencia y sencillez». Carmesí por Su caridad, ha escogido ser teñido y enrojecido en Su propia sangre. Blanco por su candor y rojizo por el fuego de Su amor. «Mi Amado es un escogido de entre mil, es decir, de entre todos. Es mi preferencia y elección sobre los demás». Su Padre le ha escogido sobre todos los hijos de la humanidad como Su único y amado Hijo, en quién Él se complace (Mateo 3:17). «Abreviando, oh mis jóvenes hermanas, si deseáis conocer a quien amo tan apasionadamente, es Aquel cuya belleza sobrepasa a la de todos los hijos de la humanidad, pues la gracia ha sido derramada en Sus labios (Sal. 45:2). Él es el brillo de la luz imperecedera, el espejo inmaculado del poder de Dios y la imagen

---

[30] Guyón creía que el pecado final y más sutil era estar apegados a nuestro sentido de rectitud moral. Pero Guyón enfatiza que Dios comparte con nosotros esta rectitud y que tiene completa libertad para quitárnosla. Aunque no nos demos cuenta de ello, nos aferramos a nuestra propia reputación de ser «persona recta». La autora denomina a este pecado «apropiación indebida del carácter de Dios».

de Su bondad (Sab. 7:26). Judgad vosotras si no llevo razón en entregarle toda la fuerza de mi amor».

Verso 11
**Su cabeza, como oro finísimo;**
**sus cabellos crespos,**
**negros como el cuervo.**

Los bucles de cabello que cubren Su cabeza significan la santa humanidad que cubre y oculta la divinidad. Este mismo pelo o humanidad extendidos sobre la cruz se asemejan a las flores de la palmera porque en ese morir por la humanidad Él obtuvo la victoria sobre Sus enemigos. Ganó para ellos los frutos de la redención prometidos a través de Su muerte. Después se abrió el capullo de la palmera y del corazón del Novio emergió la iglesia. La adorable humanidad de Cristo, aunque ciertamente no tenía parangón en su pureza, tenía una apariencia oscura como de cuervo, no solo cubierta de heridas, sino también cargada de los pecados y las tinieblas de todas las gentes. Cristo apareció como gusano y no hombre; el reproche de los hombres y el desecho del pueblo (Sal. 22.6).[31] ¿Por qué apareció Él de este talante tan negruzco? La divinidad escondida de Cristo era lo que ocasionaba Su belleza, pues los pecados fueron echados sobre Él para que pudieran ser quitados de sobre el mundo entero.

---

[31] Guyón también está comparando la descripción de Isaías acerca del Cristo con un 'gusano rizado', que es también la apariencia del capullo de la flor de la palmera.

Verso 12
Sus ojos, como palomas
junto a los arroyos de las aguas,
bañados con leche,
y a la perfección colocados.

Ella sigue admirándose de la perfección de Su Prometido. Su abundancia y maravillosas cualidades provocan el gozo de esta Amante en medio de la miseria. Dice ella «sus ojos puros y sencillos y Su conocimiento es distinto a todo lo material, se asemejan a las palomas». No como las palomas normales, sino palomas lavadas en la leche de la gracia divina, como Él lo fue. Dios dio esta gracia al Novio sin medida y le llenó de todos los tesoros de Su sabiduría y conocimiento de Dios (Col. 2:3). El Novio también camina junto a los arroyos de almas humildes que, aunque no hayan avanzado mucho, han aprendido a hacer buen uso de su humildad. Pero Él hace constante habitación en las almas rendidas, cerca de esas corrientes rápidas y sobreabundantes a las que nada de este mundo puede detener. Se crecen y corren con pasión aún mayor cuando algún obstáculo procura detenerlas.

Verso 13
Sus mejillas, como lechos de especias
que exhalan su fragancia;
sus labios, como lirios
que destilan abundante mirra.

Las mejillas del Novio representan las dos partes del alma, la superior y la inferior. Lo divino las dispuso así de una forma inconcebiblemente admirable (¡nada puede ser más admirable!) con un perfume precioso. Del mismo modo que las mejillas se unen a la cabeza, es así que el alma noble y beatífica del Novio se une a Su divinidad. Los lechos de especias significan las potencias perfectamente ordenadas y las habilidades interiores de Su sacra humanidad. El Santo Espíritu, como un diestro perfumista, puso en orden el hombre interno y externo al completo: Jesucristo. La

Esposa compara Sus labios a lirios, la rareza y belleza sin parangón de los rojos lirios de Siria. ¿Qué labios pueden ser más carmesí y más bonitos o aromáticos que los que esparcen las palabras del Espíritu y de la vida y del conocimiento de la vida eterna? También son responsables de una mirra excelente, pues la enseñanza de Cristo lleva al arrepentimiento, a la mortificación de las pasiones y al abandono incesante.

### Verso 14
**Sus brazos, como barras redondas de oro**
**engastados con piedras de Tarsis;**
**su torso, tallado de marfil,**
**recubierto de zafiros.**

Sus manos significan las operaciones interiores y exteriores del Novio. Todas las operaciones interiores son de oro. Él recibe y devuelve la contemplación, conocida de Dios Padre. Nada recibe de Su Padre que a su vez no lo devuelva, siguiendo el principio de un torno (un torno en cuanto a la herramienta que gira y su trabajo devuelve una forma al objeto). En Su devoción, el Novio rinde con fidelidad Su reino a Dios Padre (1 Cor. 15:24, 29) y muestra misericordia hacia la humanidad. Las virtudes más sublimes realzan estas operaciones, virtudes que aparecen como jacintos[32].

Las operaciones externas del Novia se representan por Sus manos redondeadas que nada retienen. Estas cualidades son dadivosas, generosas y en franca apertura ante la humanidad. Él comunica sin cesar y distribuye la misericordia y bendiciones más excelentes a Sus necesitadas criaturas.

El vientre de marfil del Novio representa Su humanidad excelsamente pura y sólida porque toda está unida a Dios y reposa sobre la divinidad. Adornada y ornamentada con todas las

---

[32] El jacinto es una variedad de circonio y es una gema de color amarillo-rojiza o rojiza-marrón, con lustre como de diamante, buena transparencia y dureza.

perfecciones posibles, Su humanidad brilla como muchas piedras preciosas.

Verso 15
**Sus piernas son cual columnas de alabastro,**
**asentadas sobre basas de oro puro.**
**Su aspecto, como el del Líbano,**
**majestuoso como los cedros.**

Toda la parte inferior del cuerpo, mencionados como las piernas y pies que actúan como sustento, representa la carne del Salvador que posee la cualidad del mármol y la incorruptibilidad. Aunque conoció la muerte durante unas pocas horas, no conoció la corrupción. El cimiento de oro simboliza la unión de Cristo con lo divino, es decir, la unión hipostática con lo divino (Hechos 2:31). El Verbo de Dios sostiene este áureo santuario de Dios que permanece eternamente. Su noble belleza es inmensa y tan grande que iguala al Monte del Líbano, un área enorme y fértil con sus cedros que representa a los santos. Jesucristo es el primer humano predestinado y otros son predestinados a través de Él. Todos los santos están arraigados en Cristo porque los méritos de Cristo consiguieron su elección. Predestinados para conformarse a la gloria de Cristo, muchos hermanos y amigos siguen al primogénito Jesús (Rom. 8:29).

Verso 16
**Su hablar es dulcísimo,**
**y todo él, la dulzura misma.**
**¡Tal es mi amado y tal es mi amigo,**
**oh hijas de Jerusalén!**

Las buenas cualidades de las cosas ordinarias se pueden declarar usando frases normales de alabanza, pero algunos asuntos solo pueden admirarse diciendo que están más allá de toda alabanza. Son tan increíbles las perfecciones del Novio divino que Su Esposa queda muda cuando procura darle alabanza digna para que todas las mentes y corazones puedan verse atraídos a Él. De repente, en su éxtasis de amor se avergüenza por intentar expresar lo inexpresable. Se detiene en profundo silencio, como si no pudiera hablar, y después da voz a su pasión para animar a sus compañeros a amarlo como ella lo ama.

Su silencio es precursor de unas pocas palabras solamente: *Su garganta es dulcísima*. Como la garganta contiene la voz, significa que el Novio, la expresión de la Divinidad y Dios, es superior a todas las cualidades y atributos. Si alguna cualidad le otorgamos es porque la criatura no conoce otra forma de expresarse. Aún envuelta en una manta de arrobamiento, exclama ella: *¡Sí, es del todo deseable!* Esto es como si ella dijera: «¡Ay, amigos míos! No me creáis lo que digo de mi Amado, pero juzgad por vosotros mismos. Saboread Su dulzura y entenderéis la justicia y firmeza de mi amor».

Deseamos al Novio con el deseo de las colinas eternas (Gén. 49:26) y de todas las naciones (Hag. 2:7), pero también nuestro deseo de compartir de Su grandeza en medio de nuestra debilidad. Pues el Novio puede ser imitado por todos, pero no en plena perfección. «Oh, hijas de Jerusalén, es Él, el Novio, quien posee todas estas extrañas cualidades y tiene infinitamente más de lo que pueda yo expresar. Le amo y deseo apasionadamente. Judgad si está mal que ame».

Verso 17
¿Dónde se ha ido tu amado,
oh la más hermosa de todas las mujeres?
¿Adónde se apartó tu amado,
para que le busquemos contigo?

El alma en su rendición y pena se ha convertido en una gran misionera. A causa de su elocuente prédica acerca de las perfecciones, dulzura e infinito atractivo del Novio, sus compañeras ahora quieren buscarle junto a ella y conocerlo por sí mismas. ¡Oh amor vencedor! ¡Cuando te marchas con tanta presteza, alcanzas la mayor de las victorias! Esta alma, impetuosa cual torrente por su amor apasionado, carga consigo a todos los que conoce. ¡Ah! ¿Quién no habría de desear y buscar a un amante tan seductor? Ay, vosotros que ahora desperdiciáis vuestros afectos en las distracciones del mundo, ¿por qué no uniros a esta búsqueda? ¡Cuán infinitamente felices os haría buscar!

# 6

---

Verso 1
Mi amado descendió a su huerto,
a las eras de los aromas,
para apacentar en los huertos,
y para coger los lirios.

¡Oh, Amante afortunada! Tras tu larga búsqueda del Amado, ¡al fin recibes noticias! Con confianza dijiste que lo sostendrías con tanta fuerza que nunca se marcharía, pero lo dejaste ir más lejos que nunca. «¡Qué lástima! —dice ella—, me precipité y fui ignorante de que es Su elección entregarse o irse como quiera. Debería anhelar solamente Su voluntad e importarme poco que vaya y venga. No depende de mí retenerlo. Aunque no lo supiera entonces, confieso que mi amor era interesado y mi prioridad era mi propio placer de amarlo, verlo y poseerlo. ¡Ah! Si solo pudiera verlo una vez más, ya no lo haría. Le dejaría ir y venir a su albur, que es la forma de ya no perderlo más. Sé que ahora se ha marchado a Su huerto, y esto quiere decir que mi Amado está en mi alma. Dios habita en el más profundo centro interior, esta parte suprema del alma donde está la fuente y asiento de toda virtud y cuyo aroma es dulce. Él viene a alimentar lo que solo le pertenece a Él porque nada hay allí que me pertenezca ni esté en mí. Él se deleita con placer inocente en Su huerto. Los plantó, cultivó e hizo que llevaran fruto por el calor de vida que Él proporciona. ¡Así pues, que coja Sus lirios! ¡Que toda la pureza sea para Él! Que Él tenga todo el contentamiento y el provecho de esto».

Verso 2
**Yo soy de mi amado, y mi amado es mío:**
**él apacienta su rebaño entre los lirios.**

En el momento en que el alma se ha liberado completamente de atribuirse a sí misma las virtudes de otro, está preparada para ser recibida en el lecho nupcial del Novio. Deseaba ella el beso de Su boca. Después de haber sido introducida a estos deleites santos y castos propios de la unión elemental, expresa gozo en estas palabras: *¡Yo soy de mi Amado, y mi Amado es mío!* ¡Qué maravillosa ventaja! «Solo puedo describir esto en la medida en que estoy entregada profundamente a mi Amado y lo poseo sin obstáculo, freno o dificultad».

¡Oh, la envidia de los ángeles despierta! Por fin has descubierto a tu Amado. Ahora ya no eres tan atrevida como para decir que nunca lo dejarás ir, pero lo tienes con mayor seguridad que nunca. ¡Jamás lo volverás a perder! ¡Quién no se alegraría contigo en semejante regocijo! Ahora que le perteneces a tu Amado completamente, nada puede evitar que te pierdas en Él. Tanto te ha calentado el calor de Su amor que estás del todo derretida, y tu objetivo irrevocable es derramarte sobre Él.[xx] «¡Ah! —exclama esta Esposa incomparable—, si le pertenezco del todo al Novio, ¡Él también es todo mío! Porque experimento Su bondad como si fuera nueva; se entrega a mí de una forma inefable y novedosa; recompensa mis dolores con los cuidados más tiernos. Él apacienta entre los lirios de esta pureza». Siendo para ella mucho más preciado que la carne, el alma ahora conoce una libertad absoluta porque deja de atribuirse lo que no es suyo. El alma que no se hace dueña de las virtudes de Cristo es alma virgen y por causa de esto sus sentidos naturales son íntegros[33].

Verso 3
**Hermosa eres tú, oh amiga mía, como Tirsa;
de desear, como Jerusalén;
terrible como ejército con estandartes.**

El Amado halla a Su Esposa totalmente liberada de sí misma y preparada para la consumación del matrimonio. Preparada para recibirla en un estado de unión permanente y duradera, Él admira la belleza de esta alma. Le dice que es preciosa y encantadora porque halla en ella una dulzura que roza lo divino. Continúa diciendo: «*Eres hermosa como Jerusalén*. Porque al perder todo lo tuyo propio para consagrarlo del todo a Mí, ahora quedas adornada y embellecida de todo cuanto es Mío. Ahora eres copropietaria de todo cuanto tengo. Te encuentro completamente preparada para ser Mi hogar tal y como deseo para ti. Morarás en Mí y Yo en ti».

«Pero, aunque siendo dulce y encantadora conmigo, eres terrible para el diablo y el pecado como un ejército ceñido para la batalla. Sin combatir haces huir a tus enemigos, porque te temen tanto como a Mí, pues te has hecho un espíritu con Dios (1 Cor. 6:17) por haberte perdido en Mí».

¡Ah! ¡Pobres almas! La vida entera involucradas en crudo combate y solo obtenéis victorias insignificantes, aunque sufrís muchas

---

[33] En su comentario al Génesis la autora expande esta idea diciendo que cuando el alma se libera de intentar adueñarse de las cualidades de Dios, los sentidos del cuerpo también se sanan del egoísmo y obtienen una nueva cualidad divina de cooperación con lo divino.

heridas. Si solo os rindierais a Dios y os abandonarais a lo divino ¡seríais más fuertes y terribles que un ejército infinito en batalla!

Verso 4
**Aparta tus ojos de delante de mí,**
**porque ellos me vencieron.**
**Tu cabello es como manada de cabras,**
**que se muestran en Galaad.**

Lo divino pide pureza y una sutil conciencia del amor de Dios a aquellos que han de ser Sus Esposas. Difícil de entender, lo que funciona a un nivel espiritual no funciona en uno más avanzado. La perfección de un estado viene a ser la imperfección del siguiente. Antes el Novio se regocijaba al ver los ojos de ella vueltos a Él. Ahora Su deseo es que no le mire y dice que su mirada ha hecho que Él huyera de ella. Desde que el alma empieza a fluir y entrar en su Dios como un río, entra en su fuente original, ha de sumergirse y perderse en Él. Pierde toda visión perceptible de Dios y todo conocimiento palpable, por muy pequeño que sea. Lo que puede verse y conocerse, parcelas y certezas, dejan de existir y en su lugar acontece una simbiosis perfecta. En este estado la persona no puede percibir a Dios y la obra de Su amor sin mirarse a sí misma. Ahora todo esto queda oculto a sus ojos, todo queda opacado en esta vida para poder ser como el Serafín[34]. Ahora su voluntad ha quedado unida a la voluntad de Dios, y descubre y entiende lo que agrada a lo divino. Dios hace que todo sea conocido. Ahora nada ha de desear por sí misma, pues esto constituye

---

[34] Está citando Isaías 6, cuando el profeta recibe el llamado a ser profeta: 'En el año de la muerte del rey Uzías vi yo al Señor sentado sobre un trono alto y sublime, y la orla de su manto llenaba el templo. Por encima de Él había serafines; cada uno tenía seis alas: con dos cubrían sus rostros, con dos cubrían sus pies y con dos volaban. Y el uno al otro daba voces, diciendo: Santo, Santo, Santo, es el SEÑOR de los ejércitos, llena está toda la tierra de su gloria'. Está intentando expresar que perdió todo su discernimiento natural, el que provenía de su lógica y experiencia natural, para recibir el conocimiento de todas las cosas, personas y situaciones a través de Dios.

infidelidad. No obstante, el corazón permanece abierto al prójimo, porque nadie puede amar demasiado.

Tras la absorción del alma en Dios, la persona solo tiene una visión sencilla de Dios y no tiene percepciones palpables de los atributos divinos. Aunque muchas veces haya hablado de estos atributos, lo hizo para ministrar y ganar otras almas. Ahora, en su hablar y escribir, Dios revela la visión de lo divino que necesita en su diario vivir. La etapa en que vivía en una fe palpable ha quedado atrás y Dios y el alma han quedado unificados. Dios es ella y ella es Dios porque en la consumación del matrimonio ha quedado absorbida en Dios. El alma que ahora está perdida en Dios no tiene la capacidad de verse o hallarse a sí misma otra vez. La verdadera consumación del matrimonio causa una mezcla del alma con Dios tan grande e íntima que ya no puede distinguirse a sí misma. La mezcla de Dios y el alma diviniza las acciones de la persona por lo elevado y sublime del lugar del que proceden. Unida con Dios, el alma es derretida y remodelada. Dios se convierte en el principio que guía las acciones y palabras de esta alma, aunque externamente se manifiesten y expresen a través de ella.

El matrimonio del cuerpo donde dos personas se hacen una carne no es más que una imagen turbia de esta realidad (Gén. 2:24). En palabras de San Pablo, Dios y el alma se hacen un solo espíritu (1 Cor. 6:17). Muchos quieren entender el momento en que sucede el matrimonio espiritual. Es fácil de ver por lo dicho. El vínculo o compromiso entre ambas partes sucede en la unión inicial de las potencias cuando el alma se rinde completamente a Dios y Dios se da a Sí Mismo al alma por entero. Entonces, bajo un compromiso mutuo, Dios promete y desea unirse al alma en el futuro. ¡Y menudo camino queda por recorrer! ¡Menudos sufrimientos han de experimentarse antes de que esta unión deseada desde un principio pueda ser otorgada o consumada! El matrimonio toma lugar cuando el alma cae muerta y sin sentido en los brazos del Novio.

Dios ve que es adecuada para la unión y la recibe en ese camino de unión. Pero la consumación del matrimonio sucede cuando el alma derretida, aniquilada y liberada de sí misma fluye sin reservas hacia dentro de Dios. Dios es el que lleva a cabo esta mezcla entre la persona y lo divino, aunque esta unión tan descompensada es similar a la unión entre una gota de agua y el océano. La gota es ya océano, aunque siempre sea una pequeña gota de agua.

Sabemos que algunos santos y autores sitúan el momento del matrimonio divino en etapas menos avanzadas de la que aquí se ha descrito. Yo contesto que han equivocado el compromiso de matrimonio y el propio matrimonio con la consumación. Hablan con la libertad del espíritu, pero sin distinguir con exactitud estas fases que dividen los diferentes estados. De igual manera, los primeros pasos de la senda interior pueden confundirse con la propia unión divina. De forma muy normal, toda alma comprometida se considera una Novia porque el Novio la llama así, como vemos en Cantar de los Cantares. Subrayamos que solamente la experiencia y la revelación divina pueden capacitar a una persona a distinguir la diferencia entre las etapas.

Una vez más, el Novio compara los pensamientos de Su Esposa representados por su cabello con cabras de Galaad. Porque el espíritu de la persona que ha consumado la unión tiene una mente limpia y receptiva con pensamientos que aparecen durante un instante, no siendo rígidos, sino que se mueven como las cabras se mueven. Los pensamientos permanecen solo durante el tiempo necesario para producir el efecto que Dios ha diseñado para ellos.

Verso 5
**Tus dientes, como manada de ovejas**
**que suben del lavadero,**
**todas con crías mellizas,**
**y estéril no hay entre ellas.**

Reiterando a Su prometida esta imagen de los dientes, el Novio muestra que ahora ella tiene en plena realidad y para libre uso lo que antes solo poseía como semilla. Sus potencias, representadas por los dientes como un rebaño de ovejas, ahora se han vuelto tan inocentes, puras y limpias que Él las considera perfectamente limpias. Las ovejas habían sido previamente trasquiladas, pero ahora los rebaños conservan todo su pelaje igual que el alma tiene ahora una pasmosa facilidad para usar sus potencias[35]. Ahora, sin confusión alguna, la memoria recuerda en el momento adecuado lo que la situación requiere alineada al Espíritu de Dios. No son ovejas estériles, sino que se les entrega una doble fertilidad, consiguiendo más que nunca y haciéndolo mucho mejor.

Verso 6
**Tus mejillas son como mitades de granada**
**detrás de tu velo.**

La parte menos importante de la granada, la corteza, contiene todas las bondades del fruto interior de la granada. De forma similar, lo exterior del alma parece de poca cosa en comparación con lo que lleva oculto dentro. Hay una apariencia exterior muy común que esconde un interior lleno de la caridad más pura y las

---

[35] Guyón está relatando sus propias vivencias, tal y como describe en su Autobiografía. Aquí se está refiriendo al comentario anterior sobre Cant. 4:2, donde las potencias fueron esquiladas para evitar un exceso de deseos, la fuerza desordenada del intelecto y que el alma viviera de forma reflexiva en torno a sí misma. Ahora, en la consumación, todas las potencias del entendimiento son restauradas. Guyón dice en su Autobiografía que Dios la introdujo en una etapa de varios años de 'estupidez' en que no era capaz de pensar con claridad y que cuando salió de esa etapa, la lucidez volvió y no solo volvió, sino que ya estaba transformada.

misericordias más avanzadas. Dios se deleita en esconder las almas que pertenecen a lo divino. Aun los ángeles admiran y respetan a las que a ojos del mundo parecen muy poca cosa. Aunque Dios toma gran complacencia en ellas, la humanidad no merece conocerlas, y los que únicamente juzgan por la apariencia externa las tienen por personas muy ordinarias.

No asombran al mundo por grandes milagros o poseer dones extraordinarios. Ciertamente, estas son cosas que estas almas consideran asuntos de poca relevancia. Dios los esconde para Sí Mismo y en Su celo no las expone a los ojos de los demás.[xxi] En vez de ello, Dios las sella con la naturaleza divina y dice que Su esposa es una fuente sellada (Cant 4:12). ¿Pero por qué lo divino la mantiene encerrada? Es porque el amor es más fuerte que la muerte y los celos tan duros como el infierno (Cant. 8:6). ¡Esto expresa plenamente lo que quiero exponer! Al igual que la muerte se lo lleva todo, de forma parecida el fuerte Amor se lleva el alma entera y la esconde en una tumba viviente. El celo devoto de Dios no escatimará medios para disponer de la Esposa completamente.

Otros podrían recordarme que la Esposa no puede estar tan escondida porque ha de auxiliar a su prójimo. En respuesta digo que este ministerio expone a la Esposa a humillaciones y humilla su alma porque tiene que experimentar la contradicción de ayudar a otros y, aun así, sufrir el rechazo de muchos de ellos. Lo cierto es que aquellos que la escuchan de buena gana se dan cuenta de las mercedes que obtienen y de su efecto sanador. Pero Dios, por lo general, permite que lo poco glamuroso de estas almas escogidas ofenda incluso a aquellos a quienes han ayudado. Con excepción de este ministerio activo, estas almas viven muy ocultas.

Al permitir que la Esposa soporte el rechazo, el Novio la trata como a Sí Mismo. ¿Acaso no se escandalizaron de Él todos aquellos que Él ganó para Su padre? (Mr. 14:27). Examina la vida de Cristo por un instante. ¿Hubo alguna vez algo más ordinario que

Su vida exterior? Hay un modelo de santo que se identifica con alcanzar cosas extraordinarias. De estos Cristo dice que habrían de hacer mayores cosas que Él (Jn. 14:12). A diferencia de estos santos, las almas de las que hablamos aquí son como Jesucristo, pero no tienen apariencia de santo. Al escudriñar los rasgos de Jesucristo en estas almas es cuando las vemos con claridad. Pero recuerda que Jesús es una piedra de tropiezo para los judíos y necedad para los griegos (1 Cor. 1:23). Muchas veces, en su sencillez estas almas ofenden a los que se han aferrado al formalismo legal del evangelio y solo tienen en cuenta la cáscara de la granada sin ir más allá.

Ay de vosotros que maltratáis las cosas ordinarias, ¡tened cuidado! Recordad que el Novio compara a Su Esposa con la granada que tiene una cáscara fea a la vista. Pero la granada contiene el más excelente de los frutos, agradable tanto para el ojo como para el paladar. Cuando el Novio trajo a la Esposa al granero, empezó a introducir en su corazón esta admirable disposición a la caridad. Ahora, al igual que la granada a rebosar de fruto, el alma ha avanzado para alcanzar una madurez completa.

Verso 7
**Sesenta son las reinas, y ochenta las concubinas, y las doncellas innumerables.**

El Novio declara que algunas almas escogidas son como reinas. Otras que participan de Sus favores singulares no tienen la prerrogativa de los soberanos; y también gran número de corazones jóvenes que le pertenecen en la forma ordinaria empiezan a anhelar la unión. Pero esta Amante les sobrepasa a todos ellos en el afecto que el Novio le proporciona. ¡Oh Dios! ¡De qué manera elevas a Tu Esposa a la alegría! Unos pocos se asemejan a reinas por el esplendor de sus virtudes, con otros tantos compartes tus cuidados, pero Tu esposa te es más valiosa que los demás juntos.

Verso 8
Mas una es la paloma mía, la perfecta mía;
la amada de su madre,
sin tacha para quien la engendró.
La vieron las doncellas, y la llamaron bienaventurada;
las reinas y las concubinas, y la alabaron.

Este versículo describe ante todo a la siempre bienaventurada María y a la iglesia universal. Pero todo lo que se atribuye a la iglesia como cuerpo místico es también cierto de forma proporcional en cuanto a las almas que son sus miembros. Hay almas perfectamente puras en cada siglo que Dios ha elegido de una manera muy singular. Así pues, Dios dice que el alma ha sido consumada en matrimonio por razón de su total aniquilación y absoluta pérdida. Se ha convertido así en una paloma sencilla, un ejemplar único. En Dios ha sido restaurada a la perfecta unidad de la fuente de la que ella procede. Desde el momento en que ella asumió la renuncia absoluta, entró en la inocencia de Dios y ahora tiene la perfección en su interior. El alma conoce la completa libertad del ego y una desconexión de su naturaleza endurecida, coartada y limitada. Vive en la perfección de Dios, no en la perfección humana, pues ya no busca lo suyo.

Aquí debemos anotar que, por muchas otras ponderaciones con que el Novio regara a la Esposa, nunca antes la llamó Su perfecta y única hasta que se sumergió en Su unidad divina. Estas cualidades que solo se hallan en Dios vienen a formar parte del alma solo cuando ha sido perfeccionada en Él en una estado permanente y duradero.

Ella es la única de su madre porque ha perdido la multiplicidad y se ha separado de todo lo natural[36]. La sabiduría dio a luz a esta alma escogida para que pueda perderse en Su ser.

Aunque, por lo general, Dios permite que almas como esta sean poco conocidas, a veces da discernimiento sobre su condición a otras almas de lo interior. Embelesadas con la visión, estas alamas profundamente espirituales admiran su perfección y las llaman bienaventuradas. Tanto las reinas estimadas alabadas a ojos del mundo como las almas de menor mérito la alaban cuando comprueban de primera mano el efecto de la gracia sobre ellas.

Esto pudiera parecer incongruente con lo que se ha dicho un poco más atrás sobre el rechazo que sufre la Esposa. De hecho, es incongruente. En el estado apostólico de Cristo, fue recibido como Rey y Salvador, y en ese mismo lugar un poco más tarde fue ejecutado como un criminal.

Verso 9
¿Quién es ésta que se muestra como el alba,
hermosa como la luna, esclarecida como el sol,
imponente como ejércitos abanderados?

Los compañeros del Novio cantan ahora al unísono, admirando la belleza de la Esposa. «¿Qué es —dicen ellos— lo que avanza y se alza lentamente?». Saben que el alma ha llegado a Dios, pero también que se yergue gradualmente en la perfección de la vida divina hasta que alcanza la morada eterna. Se alza poco a poco como el despuntar de la mañana hasta que venga el día perfecto. A medianoche vive la vida consumada como si fuera la gloria del cielo. Este día da comienzo a la vida eterna. *Es bella como la luna*

---

[36] Un corazón dividido es una situación peligrosa porque la persona mezcla motivaciones puras con impuras. Esta mezcla hace que las acciones de la persona la pongan en evidencia, un peligro espiritual y físico. En este tema recurrente de Guyón, la multiplicidad de los deseos hace que una persona sea mundana. Al contrario, la persona espiritual solo tiene un deseo: el de Dios.

porque su belleza procede del sol. *Es pura y resplandece como el sol* porque está unida a Jesucristo, para perderse en Él en Dios. *Pero es terrible y temida* por los demonios, el pecado, el mundo y el amor propio *como un ejército preparado para entrar en batalla.*

Verso 10
**Al huerto de los nogales descendí**
**a ver los frutos del valle,**
**y para ver si brotaban las vides,**
**si florecían los granados.**

Esta alma todavía se mira a sí misma porque su cimiento todavía tiene que fraguar. Esta extraña infidelidad proviene de la debilidad. El Novio permitió que Su esposa cometiera esta pequeña falta para mostrarnos que la introspección causa grandes males en el estado avanzado. Por un instante, se volvió al egoísmo esgrimiendo la mejor excusa del mundo: mirando a los frutos de su muerte mística para ver si el vino había florecido. Se preguntaba si su espiritualidad avanzaba y sus obras de caridad llevaban fruto. ¿No parece todo esto justo y razonable?

Verso 11
**Mi alma me ha atribulado por causa de los carros de Aminadab.**

«Lo hice —dice ella— sin pensarlo. No era mi intención hacer mal o desagradar a mi Novio. Pero en cuanto lo hice mi alma estuvo atribulada por culpa de los carros de Aminadab». Es decir: «Miles y miles de pensamientos se arremolinaban en mi cabeza como los muchos carros desafortunados. Hubieran procurado mi aniquilación si la mano de Dios no me hubiera sostenido».

Verso 12
**Tórnate, tórnate, oh Sulamita;**
**tórnate, tórnate, y te miraremos.**

Apresurada, la Esposa regresa con una sinceridad similar al talante de su falta original, que fue nimia y accidental. Lo único a destacar y que originó gran asombro general es que, tan pronto como acabó de promulgar el atractivo y belleza del Novio, desapareció de la vida pública. Justo después fue admitida en la cena de bodas del Cordero. Quedó tan elevada por encima de sí misma y de otras personas que otras almas la perdieron de vista. Le rogaron que volviera para poder contemplar su gloria y alegría igual que antes habían sido testigos de su tristeza. «¡*Vuelve* —claman ellas—, *oh Sulamita! Templo de paz.* Vuelve a enseñarnos, por tu ejemplo y palabras, el camino a seguir que alcanza la bienaventuranza que posees. Vuelve para que puedas ser nuestra guía, nuestro apoyo, nuestra consolación. Vuelve, para que puedas llevarnos contigo».

# 7

Verso 1
¿Qué veréis en la Sulamita
sino la danza de dos campamentos?
¡Cuán hermosos son tus pies en sandalias,
oh hija de príncipe!
Los contornos de tus muslos son como joyas,
obra de mano de excelente maestro.

El Novio responde a los que interfieren el inocente placer que tiene Su esposa de disfrutar de Su presencia, diciendo que esta insistencia es inaceptable. Esto lo había hecho varias veces anteriormente, cuando los amonestaba para que no la despertasen. Dice Él: «¿Por qué le pedís con tanto ahínco a mi Novia que regrese a vosotros para poder verla? Ahora que se ha unido a mí, ¿qué otra cosa veréis en ella sino la compañía de un ejército acampado?». Tiene la gracia y belleza de un coro de jóvenes doncellas porque el beso casto que le he dado ha aumentado su pureza. Al mismo tiempo, también tiene la fuerza y el terror de un ejército porque se asocia con la Santa Trinidad y participa de los atributos divinos. Está armada para pelear y destruir a todos los enemigos de Dios.

«¡Oh hija del Príncipe! ¡Oh hija de Dios!» claman las doncellas. Tus pasos son preciosos, tanto por dentro como por fuera. Por dentro, este andar muestra gran belleza por su avance continuo hacia Dios sin detenerse a descansar. Ciertamente, la arrebatadora belleza de este avance trae un verdadero reposo y un progreso continuo. Ciertamente, el descanso no interfiere con el progreso; pues cuanto mayor es el descanso, mayor es el progreso; y cuanto más veloz el progreso, más calmado el descanso.

Aquellos pasos que se dan por fuera muestran también gran belleza en el movimiento bien ordenado del alma en la voluntad de Dios. La providencia de Dios dirige toda su actividad. *Cuán preciosos son tus pies en zapatos* significa que la voluntad de Dios orquesta cada paso y ella nunca abandona esta costumbre. *Los contornos de tus muslos* hace referencia al orden admirable de sus acciones, que acontece con una dependencia absoluta de la porción inferior del alma a la superior, y todo en dependencia de Dios[37]. Este magnífico obrero derritió y vertió el alma en el horno de fuego.

Verso 2
```
Tu ombligo, como una taza redonda
que nunca le falta vino mezclado.
Tu vientre como montón de trigo,
cercado de lirios.
```

El ombligo representa la capacidad del alma para recibir comunicaciones divinas de forma pasiva. Al haber entrado en Dios, difunde esta disposición pasiva y aumenta hasta un nivel incalculable esta habilidad de recibir para poder concebir y dar a luz hijos para Jesucristo. La redondez del ombligo muestra que recibe mucho pero no puede retener nada. Solo recibe para distribuir con

---

[37] Guyón creía que, tras la redención, la porción superior del alma es a semejanza de Dios y gobierna la parte inferior del alma que involucra a los sentidos. Es decir, todos los seres humanos nacen con la porción inferior gobernando a la superior desde la caída de Adán.

presteza porque participa de las cualidades del Novio. Las aguas primaverales fluyen desde la divinidad y le son entregadas a ella para beneficios de otros. Su estómago es como un montón de trigo, porque en tanto el grano brota, crece, lleva fruto y alimenta, así sucede cualitativamente con su abundante fruto espiritual. Lo divino rodea su estómago con lirios como distintivo de la absoluta pureza de todo ello.

Verso 3
**Tus dos pechos, como dos crías,**
**mellizas de una gacela.**

No tendría ningún sentido que la Esposa diera a luz niños para el Novio si Él no la proveyera para alimentarlos. Aquí el Novio habla de sus pechos para mostrar que no solo tiene el desempeño de madre, sino de uno que alimenta. Sus pechos rebosantes suplen abundante alimento a sus hijos, aunque estos los vacíen con exigencias incesantes. A pesar de que los pechos siempre están siendo agotados, no desfallecen, sino que están llenos sin cesar. Su plenitud desata la gracia y la entrega a sus hijos. Se compara con precisión a las mellizas de la cierva cuyos pechos suministran alimento que ella recibe en exclusiva de Dios. Al igual que las cervatillas dependen de los pechos de su madre, la Esposa depende de su anclaje a Dios. Ella comunica lo que recibe a los demás.

Verso 4
**Tu cuello, como torre de marfil.**
**Tus ojos, como los estanques en Hesbón**
**junto a la puerta de Bat Rabim.**
**Tu nariz, como la torre del Líbano**
**que mira hacia Damasco.**

El cuello significa fortaleza, y su hechura de marfil simboliza la pureza de la fuerza de habitar en Dios. Por esta razón, la fuerza de la Esposa es completamente pura. Fuerte como una torre, esta alma vive protegida de cualquier daño y puede ver a sus enemigos acercarse. Las potencias se pierden en Dios, y los ojos simbolizan el entendimiento convertido en fuente de toda bendición y remedio para enfrentar toda suerte de mal, y esto para el bien del prójimo simbolizado en el estanque. Dios usa la mente que se ha rendido por Su causa para mil haceres. Este estanque toma reposo en la puerta de la hija de la multitud. La hija de la multitud significa las muchas distracciones que quieren penetrar la mente motivadas por insana imaginación y apetitos[38]. Antes de alcanzar la escisión mística[39], esta multitud molestaba y zahería la clarividencia de la mente. Sin ser ya incomodada por la intrusión frívola e impertinente de los sentidos, es como si Dios hubiera interpuesto una puerta entre los sentidos y el espíritu. La nariz simboliza la prudencia fuerte e invencible como la torre del Líbano. Como ella ha perdido la cautela humana, el alma en su sencillez recibe la providencia y la cautela de Dios mismo[40]. La prudencia celestial mira las cosas de cierta manera y a nada atiende excepto al mover de la divina Providencia. No puede adelantarse a los acontecimientos, sino que recibe lo que viene instante a instante. ¡Es prudente sin ser prudente! ¡Supera incluso a los seres humanos más prudentes!

---

[38] Guyón no condena la imaginación. Reconocía un uso sano porque ella la usaba para componer poesía y disfrutaba leyendo novelas y otros escritos creativos.

[39] Es decir, la separación entre las fuerzas inferiores y superiores que suceden en la redención interior. Durante este largo proceso el alma se convierte en la fuerza superior que reina sobre la fuerza inferior del cuerpo. Como veíamos antes, Guyón sostenía que, desde la caída, el cuerpo se convirtió en la fuerza dominante sobre el alma interior.

[40] La 'prudencia/cautela' humana que Guyón perdió es la de su juicio natural de las personas por la apariencia. A partir de un punto dado de su vida, ella obedecía a la visión que recibía de Dios en sus relaciones con los demás y procuraba siempre esa visión poniendo a un lado su estatus y educación.

## Verso 5

**Tu cabeza se eleva como el monte Carmelo,**
**y la cabellera suelta de tu cabeza es como hilos de púrpura;**
**el rey se ha cautivado de tus trenzas.**

La parte superior del alma, como una montaña elevada a Dios, lleva el pelo representando todos los dones con que ha sido favorecida. Estos dones le pertenecen a Dios hasta tal punto que la Amante no tiene derecho alguno sobre ellos. Si tiene algún bien o posesión, todo pertenece a Dios. El Novio es propietario de todos los adornos y abalorios de la parte superior. A causa de esto, participa de los mismos adornos que el Rey simbolizados en la púrpura real. Esta púrpura queda prendida de los cabellos que, como ríos, tienen la perfecta brillantez del color púrpura que desciende del cielo en olas de gracia fluyendo a través del alma como una canal de distribución de agua. Los dones fluyen para alcanzar a otros y desembocan en Dios sin que ella reclame nada como suyo propio. Ella da rienda suelta a los ríos de gracia para que tengan libre fluir cuenca abajo y puedan regar otros jardines espirituales.

## Verso 6

**¡Qué hermosa y qué encantadora eres,**
**amor mío, con todos tus encantos!**

Dios ve en Su Esposa las perfecciones divinas de la fidelidad reflejadas como en un espejo. Embelesado por su belleza, exclama en contemplación: *«¡Qué agradable y bonita eres!* ¡Cuán gloriosa es Mi belleza en ti! Eres todo mi deleite como Yo soy el deleite de Mi Padre. Porque, en la medida en que me representas en la vida natural como en un espejo brillante que no produce distorsión, me procuras un placer infinito. Eres fascinante porque estás vestida de todas Mis perfecciones. Pero si eres Mi deleite, también Yo soy el tuyo, y nuestros placeres son comunes para ambos[41]».

Verso 7
**Tu estatura es semejante a la palmera
y tus pechos como sus racimos.**

Cuando tu estatura se asemeja a la palmera, se está simbolizando al alma en cuanto a su rectitud. «No haces que se inclinen a ti las mercedes que profusamente te he concedido. Sino que, como una preciosa palmera, te mantienes erguida cuando los dones celestiales se cargan sobre tus espaldas». El árbol de palmera femenino tiene dos cualidades. Tanto más se yergue cuanto más fruto tiene, y no da fruto a menos que esté bajo la sombra de un árbol masculino. De igual manera, la preciosa alma tiene dos cualidades. Una consiste en no hacer uso de los dones que provienen de Dios para usarlos por cuenta propia. Del mismo modo, las más pequeñas acciones deben ser llevadas a cabo bajo la sombra del Novio, que hace que todo se haga a su debido tiempo. Con belleza, Él asemeja sus pechos a racimos de uvas. Como las uvas producen su jugo cuando son presionadas, esta alma es más benevolente y muestra mayor caridad a otros cuando es oprimida y perseguida bajo la presión del mal.

Verso 8
**Dije: "Subiré a la palmera, tomaré de sus ramas".
¡Sean tus pechos como racimos de la vid,
el perfume de tu aliento como manzanas!**

Las jóvenes vírgenes han escuchado la comparación hecha por el Rey de Gloria entre la Esposa y la palmera. Se han extasiado con

---

[41] Esta frase originó gran controversia en los hipócritas ambientes puritanos de la jerarquía religiosa de la época, donde el placer mutuo entre el alma y Dios es expuesto como una referencia indirecta al acto sexual.

un deseo de participar de las piedades, y claman al unísono o, mejor dicho, una expresa la pasión de las otras: «Acudiré a la palmera y allí tomaré del fruto. Me convertiré en discípulo de esta señora de toda perfección. Si alguien tan sabia y próspera se digna a convertirse en mi madre, experimentaré los efectos de la unción del Novio que está en ella. El fruto de sus palabras me será como un racimo de uvas de una dulzura exquisita y la pureza de su enseñanza me empapará de perfume».

Verso 9
**Tu garganta es como el mejor vino,**
**adecuado para que mi amado lo beba,**
**discurriendo sobre sus labios y dientes.**

Una de las muchas hijas de Sion sigue alabando a la Esposa. Cuando cita la garganta, quiere dar a entender el interior del alma que fluye libremente como el mejor vino para introducirse en Dios sin obstáculo.[xxii] Él recibe al alma en Sí Mismo y la transforma a Su imagen siendo Su placer y deleite. La forma y la reforma, haciendo que desaparezca gradualmente y que se transforme en Él. Se convierte en vino para que Dios lo beba. Ciertamente esta alma es digna de la boca de Dios en calidad de vino. En esta empresa, ella da cumplimiento al máximo bien y propósito definitivo del alma.

Verso 10
**Yo soy de mi amado,**
**y para mí es su deseo.**

La Esposa certifica la veracidad de los pensamientos de las vírgenes. «Desde entonces —dice ella—, el amor ardiente de mi Amado me ha devorado, tanto me he perdido en Él que ya no puedo hallarme a mí misma. Mi más fuerte discernimiento de la verdad interior siempre me confirma que le pertenezco a mi Amado desde que Él me ha transformado en Sí Mismo. Ahora que ya no puede echarme fuera, he dejado de temer que pueda separarme de Él».

¡Oh Amor! ¡Ya nunca más rechazarás a un alma como esta! Ahora podría decirse que ha quedado confirmada en amor para siempre, pues ha sido consumada por el mismo amor y transformada a Su semejanza. El Amado ya no puede ver en la Esposa algo que no sea de Él y para Él. No puede apartar Su mirada ni amor de ella porque no puede dejar de ver y amar.

Verso 11
**Ven, amado mío,**
**salgamos al campo,**
**pasemos la noche en las aldeas.**

Para la Esposa ahora todo es Dios, y halla a Dios por igual en todas las cosas. A causa de esto, no teme a nada. Ya no se preocupa de las etiquetas sociales o de vivir encerrada y bajo custodia de otros. Ahora disfruta de una unión inefable, ha entrado de lleno en una gloriosa participación en la inmensidad de Dios. Las diferencias esenciales entre el Creador y la criatura permanecen intactas en esta perfecta unidad de amor y fluir místico que desemboca en Dios. No teme perderle porque no solo está unida a Dios, sino también transformada a semejanza de Dios. Ahora ella le invita a salir del enclaustro del hogar o del jardín. «Ven, amor mío —dice ella—, salgamos por el mundo entero para alcanzar Tus conquistas. Ningún lugar es demasiado pequeño o grande para mí porque mi lugar es Dios. Donde quiera que esté, estoy en mi Dios».

Verso 12
**Levantémonos temprano y vayamos a las viñas;**
**veamos si la vid ha brotado,**
**si se han abierto sus flores,**
**y si han florecido los granados**

Invita al Novio a salir por todos lados, pues ahora disfruta de mucha actividad. Dios nunca deja de actuar por fuera, pero siempre está en reposo por dentro. De la misma manera, el alma mora en descanso interior en tanto es confirmada en sus acciones exteriores. Antes hacía ambas cosas solo en parte porque su juicio provenía en parte de su propio entender. Ahora lo ve todo a través de Dios y halla perfección.[xxiii] En el campo de la iglesia observa mil trabajos que acometer para la gloria del Novio. Trabaja con toda su fuerza en estas obras cuando la Providencia abre camino para ella y su alma responde al llamado.

Pero explícate, oh querida Esposa. ¿Qué quieres decir con entregar tus pechos al Amado? Después de todo, ¿no es Él el que los hace fructíferos y los llena de leche? ¡Ah! Lo que quiere decir es que, en la perfecta libertad de espíritu y en un alma que vive en lugar espacioso, ella actúa para gloria de Él. Por esto, ella le dará todos los frutos de sus pechos y le permitirá beber toda la leche que Él derrame allí. Desea que se vacíen para Dios, que es su origen y destino.

Verso 13
**Las mandrágoras han exhalado su fragancia,**
**y a nuestras puertas hay toda clase de frutas escogidas,**
**tanto nuevas como añejas,**
**que he guardado para ti, amado mío.**

¡Unión admirable! El Novio y la Esposa comparten todas las posesiones. Nada le pertenece solo a ella; todo lo contempla en propiedad compartida con el Novio. Bajo la influencia divina, el alma rejuvenece y es fértil, como las mandrágoras, y emite un aroma que alcanza al alma[42]. «Todo cuanto tengo, Amado mío —dice ella—, es Tuyo y todo lo Tuyo es mío. Al ser tan despojada de todas las cosas, ahora he preservado, entregado y puesto a Tus pies toda suerte de frutos agradables. No habiendo guardado nada para mí, te he dado acciones y obras excelentes, sean las que sean. Te he entregado todas mis obras, tanto las viejas que Tú hacías en mí desde el principio como las nuevas que obras en mí instante a instante. Todo lo he rendido a Ti: mi alma con todas sus potencias y operaciones; mi cuerpo con todos sus sentidos y todo cuanto puede hacer. Todo lo he consagrado a ti, y Tú me los has dado para que los use y guarde. Los preservo por completo para Ti para que todo sea Tuyo en todo uso y ocasión».

---

[42] En la Biblia las mujeres usaban las mandrágoras para conseguir quedarse encintas. En Génesis 30, Lea y Raquel se pelean por las mandrágoras.

# 8

---

Verso 1
¡Oh, quién te diera a mí como hermano
que mamó los pechos de mi madre!
Yo te hallaría fuera, te besaría,
y ninguno me menospreciaría.

El Amante pide que esta unión arraigue a un nivel más profundo. Aunque el alma transformada vive ahora en una unión permanente y duradera, como Novia va de aquí para allá atendiendo
las preocupaciones de la casa familiar. Pero, en ciertas ocasiones,
el Novio celestial abraza y cuida a Su Novia mostrando cercanía.
Ella ahora pide esta intimidad. Dice ella: «¿Quién me dará a mi
Esposo que también es mi hermano, siendo que mamamos de los
pechos de nuestra madre, que es la esencia divina? Siendo que Él
me ha escondido junto a Sí Mismo en Dios, junto a Él absorbo de
los pechos de la divinidad. Ahora, junto a esta ventaja inconcebible, deseo encontrarle a solas por fuera y disfrutar de Sus tiernos
cuidados donde me sumerjo más profundamente en Él».

La Esposa también pide otra gracia que conlleva la divina transformación de lo externo para que tenga semejanza con lo interno. Durante largo tiempo han persistido pequeñas debilidades en el exterior cuya función consistía en esconder la abundancia de la gracia. Estas no desagradan al Novio, pero encienden el desprecio de los humanos. ¡Que pueda Él transformar mi exterior, dice ella, para que no sea despreciada! Pide la gloria de Dios no por ganancia propia porque, como dice el alma, «ya no puedo tenerme en cuenta a mí misma».

Verso 2
**Yo te llevaría,**
**te metería en casa de mi madre,**
**y en la habitación de aquella que me concibió.**
**Yo te haría beber vino sazonado,**
**el mosto de mis granadas.**

El alma experimenta dos cosas en su íntima conexión con Dios. En la primera, el Novio está dentro de ella como ella está dentro del Novio. Como cuando un vaso vacío se lanza al océano, que el agua y el océano llenan el vaso y rodean al vaso. Como el vaso que aloja sin comprender lo que aloja, el alma que es transportada por su Novio también le transporta a Él. ¿Y hacia dónde le transporta? Solo puede moverse en esta dirección: le transporta al seno del Padre, que es la casa de su madre, el lugar de su origen.

En su segunda experiencia, el Novio le enseña el conocimiento de Sus secretos. Solo entregados a la Esposa favorita, la instruye en toda verdad que le sea necesario conocer o el conocimiento que, por la generosidad de Su amor, esté dispuesto a entregarle. ¡Oh maravilloso conocimiento comunicado con quietud en el inefable pero siempre elocuente silencio de la divinidad! El Verbo habla sin cesar al alma y le enseña de tal forma que avergüenza a los más insignes doctos.

El Novio se derrama más y más adentro de ella y agranda sin cesar la capacidad que ella tiene de recibir pasivamente. Esta alma fiel bebe del vino del Novio, el fruto dulce y puro de la granada producto de su caridad. A su vez, ella le ofrece todo a Él perpetuamente, el todo que Él le dio. En un flujo y reflujo constante de intercomunicación, el Novio da a la Novia y la Novia lo ofrece al Novio. ¡Oh Esposa incomparable! ¿Qué diré? Participas en la comunicación de la Sacra Trinidad porque recibes sin cesar y entregas perpetuamente lo que recibes.

Verso 3
**¡Oh, que Su izquierda esté bajo mi cabeza y su diestra me abrace!**

Dios, como hemos dicho, sostiene y abraza a la Esposa con dos brazos. Con uno la sustenta con Su protección omnipotente. Con el otro la abraza con perfecto amor y le entrega tanto el disfrute de Sí Mismo como la unión esencial. La Esposa dice aquí *me abrazará*. Habla del abrazo de Su mano como cosa del futuro. Habla con veracidad acerca de este abrazo como siempre presente y, no obstante, siempre por venir, pues esto sigue por toda la eternidad.

Verso 4
**Os conjuro, oh hijas de Jerusalén, que no despertéis ni hagáis velar al amor hasta que él quiera.**

El Novio refleja la verdad de tres tipos diferentes de adormecimiento interior en Sus tres diferentes conjuros donde ordena que Su amor no debe ser despertado. En la primera somnolencia ella disfruta un sueño de poderoso éxtasis en la unión de las potencias. Este sueño interior se extiende por buena parte de los sentidos y le ayuda a desprender los sentidos de los objetos que amaba impuramente. Ruega Él que no sea despertada porque esto la purifica.

En el segundo tipo ella expira en los brazos del amor; es la denominada muerte mística. Él no quiere que sea molestada hasta que despierte por sí misma respondiendo a la todopoderosa voz de Dios. Lo divino la convocará desde la tumba de muerte a la resurrección espiritual.

En el tercero el alma vive en un adormecimiento de reposo en Dios permanente y perdurable. Este es un reposo de éxtasis que no procura alteración de los sentidos porque ha entrado en Dios por razón de una dichosa liberación de sí misma. Experimenta este sueño como dulce, calmado y perdurable. Jamás será apartada de este reposo. Dios desea que Su amada no sea molestada en ninguno de sus adormecimientos. Duermen ellas en Sus brazos y se les debe permitir descansar.

En el descanso prometido del primer reposo ella recibe compromisos. El segundo reposo lo divino lo presenta como un regalo. En el descanso confirmado del tercer tipo ya no hay interrupciones. En su libertad ella aún podría romper este adormecimiento, pues el Novio no diría *hasta que ella quiera* si ella no tuviera el poder de desearlo. Pero ella jamás lo romperá tras acontecer su unión del tercer tipo (excepto en el supuesto de la más extrema ingratitud e infidelidad).

Al mismo tiempo que el divino Novio alaba a Su Esposa y permite que otros la alaben en Su presencia, desea enseñarle. Hace esto para mostrarle que solo una vana autocomplacencia y desprecio de los demás podrían hacer que ella lo abandonara. En el siguiente versículo, Él dispone ante ella la bajeza de su origen y la vileza de su naturaleza para que ella nunca haya de perder de vista la humildad.

Verso 5
*¿Quién es esta que sube del desierto,*
*recostada sobre su amado?*
*Debajo de un manzano te desperté;*
*allí tuvo dolores tu madre,*
*allí tuvo dolores la que te dio a luz.*

El alma sube poco a poco del desierto porque, por cuanto se ha abandonado a sí misma, su ser es un desierto. Su alma al completo sobrepuja con deleites como una vasija llena de agua del manantial hasta el borde rebosa por todos lados y suple agua a cuanto le rodea. Ya sin poder sustentarse a sí misma, ha dejado de temer la abundancia de estos deleites. No teme sucumbir bajo su peso porque su Amado, el que derrama estos deleites, la transporta en Sí Mismo y le enseña a caminar apoyada en Él. ¡Oh valiosa ganancia! ¡Persiste la pérdida de todo lo creado! Como contraprestación a perder el sustento de la criatura, recibimos a Dios mismo como nuestro único sustento.

*Te desperté bajo el manzano.* «Te atraje del sueño de la muerte mística, alzándote de tu propio ser corrupto y de la naturaleza corrompida y rancia que tu madre te dio por su pecado». Pues todas las operaciones de Dios en el alma tienden a dos cosas. Primero, liberan al alma de su malicia actual y de la malignidad de su naturaleza corrupta. Segundo, las operaciones de Dios restauran al alma al estado de pureza que tenía antes de que Eva tropezara bajo el poder del seductor. En su inocencia, Eva pertenecía a Dios sin propietario alguno. En su huida de Dios, se abrió para ser violada y prostituida por el maligno. Todos hemos participado de las malvadas consecuencias de ese acto. Todos entramos en el mundo como hijos ilegítimos ignorantes del verdadero Padre y nos hacemos legítimos por el bautismo. Aún entonces, llevamos trazas de ese temible pecado y retenemos un talante maligno que se opone a Dios hasta que, por largas y potentes operaciones de lo divino, Dios atrae al alma fuera de sí misma, la priva de la infección del pecado, la vuelve a dotar de la gracia de la inocencia y hace que se pierda en Él. Esto se conoce como resurrección de la inocencia y sucede en el mismo lugar donde su madre, la naturaleza humana, se había corrompido.

Verso 6
Ponme como un sello sobre tu corazón,
como un sello sobre tu brazo;
porque fuerte como la muerte es el amor,
duro como el sepulcro el celo.
Sus brasas son brasas de fuego,
una llama impetuosa.

El Novio invita a la Esposa a ponerlo como un sello sobre su corazón. Él es la fuente de la vida del alma. El Novio como un sello le impide abandonar un estado interior tan bienaventurado. En su aceptación del sello divino, ella se convierte en una fuente cerrada que solo Dios puede abrir o cerrar.

El Novio también desea el sellado de su vida externa y sus obras para que quede reservada para Él y se mueva únicamente bajo Su guía. Su jardín cerrado solo se abre al Novio. Él cierra y ningún ser humano puede abrir, y abre y nadie puede cerrar (Apoc. 3:7). *Porque el amor*, dice el Novio, *es tan fuerte como la muerte*; el amor del Novio hace lo que Él desea con Su Amante. Él es fuerte como la muerte, y por esto hace que muera a todas las cosas, para que pueda vivir solamente para Él.

Verso 7
Las muchas aguas no podrán apagar el amor
ni lo ahogarán los ríos.
Si diera el hombre
todos los bienes de su casa por este amor,
de cierto lo menospreciarían.

Si las multiformes aguas de aflicciones, contradicciones, miserias, pobreza y angustias no han apagado el amor de esta alma, sabemos que las inundaciones del abandono a la divina

Providencia no detendrán este amor, sino que lo preservarán. Ciertamente, el puro amor solo puede ganarse mediante la pérdida del resto de amores. Si una persona tiene la valentía de abandonar todo cuanto posee, él o ella valoran el amor y no van a subestimarlo para volver a lo que han abandonado. Al alma le resultará en extremo difícil volver a dejar el puro amor. El generoso esfuerzo que conduce a confiar en la divina Providencia será recompensado, pues el puro amor es más valioso que todo el universo.

Verso 8
Tenemos una hermana pequeña,
y no tiene pechos.
¿Qué haremos con nuestra hermana
cuando de ella se hable?

La feliz Esposa comparte con el Novio todas las cosas que están bajo el mismo techo. Ella habla con familiaridad con Él acerca de otras almas como si fueran asuntos domésticos. «¿Qué haremos —dice ella— para esta pequeña y tierna alma, nuestra hermana, por mor de su pureza y sencillez?». (La Esposa habla a otras almas como hace con esta persona). «¿Qué se hará a su favor en el día en que empiece a comunicarme con ella? No tiene pechos, y no tiene la disposición para el matrimonio divino. Incapaz de auxiliar a otros, ¿qué haremos con ella?». De esta manera, la Esposa consulta a Jesús intercediendo por las almas.

Verso 9
Si ella es muro,
edificaremos sobre él un palacio de plata;
y si es puerta,
la cercaremos con tablas de cedro.

El Novio responde, si ella ya es un muro de confianza mediante una pasividad bien arraigada, empezaremos a construir sobre ella baluartes de plata. Esto la protege de los enemigos de este avanzado estado interior, que son la razón humana, la introspección y la sutileza del amor propio. Pero, si ella es una puerta, queriendo decir con ello que está empezando a salir de la multiplicidad para entrar en la simplicidad, fortaleceremos su cuerpo con gracias y virtudes que le dan la belleza y solidez del cedro.

Verso 10
**Yo soy muro,**
**y mis pechos, como torres;**
**entonces fui en Sus ojos como la que trae paz.**

La Esposa responde en éxtasis a la instrucción y promesa que acaba de recibir de boca del Novio. Se ofrece como un ejemplo de éxito para este plan. Ella clama: «Yo misma soy un muro de mucha fuerza, y mis pechos son como una torre que sirven de refugio y defensa a multitud de almas. Esto me asegura que nunca me perderé, pues a Sus ojos fui como uno que había hallado paz en Dios».

Verso 11
**Salomón tuvo una viña en Baal-hamón;**
**entregó la viña a guardas;**
**por su fruto cada uno debía llevar**
**mil monedas de plata.**

Oh Dios mío, pareces complacerte en eliminar el brote de las muchas dudas y objeciones. Concretamente, una de estas dudas es que el alma piensa que no tiene mérito porque ya no se posee a sí misma y no puede hacer obras. Oh Dios, tú eres el Dios de paz que ha confiado el cuidado de tu viña a tu Esposa. Ciertamente, tu Esposa es la viña. La has puesto como la madre fructífera en medio de un *pueblo* innumerable. Has mandado a tus ángeles que la guarden, y eso te trae un gran beneficio a ti, oh Dios, y a la propia alma. Le has dado la libertad de usar y participar de los frutos de la viña. Ya a duras penas corre peligro de perderte o desagradarte. Al mismo tiempo, disfruta de una ventaja y mérito divino interminables.

Verso 12
**Mi viña, que es mía, es para mí;
las mil serán tuyas, oh Salomón,
y doscientas para los que guardan su fruto.**

La Esposa pura ya no habla como antes: *No he guardado mi viña*[43]. Antes la gente quería imponerle el cuidado de una viña sin que se hubiera armonizado aún con la voluntad de Dios. Ahora el Novio entrega esta viña a su cuidado. ¡Ah! ¡Menudo amor prodiga ella sobre esta viña! Cuando se habita en el orden de Dios, todos los asuntos interiores y exteriores concuerdan entre sí por razón de la perfecta libertad del alma que los lleva a cabo. La fiel Esposa inspira admiración al cultivar y cuidar de la viña. Pero entrega todo el beneficio al Novio, paga a los obreros un salario justo y no retiene nada para sí misma. El amor perfecto no busca el interés propio.

Verso 13
**Oh tú, la que moras en los huertos,
mis compañeros escuchan tu voz;
házmela oír.**

El Novio invita a la Esposa a entrar ya en la vida apostólica y a hablar por Él enseñando a otros. «Tú —dice Él—, *oh Esposa Mía que vives en los huertos de la divinidad* donde hay variadas flores y excelente fruto. Allí has morado desde que el invierno quedó atrás». Dice Él: «A ti, Esposa Mía, te mantengo constantemente en estos huertos de deleites. Ahora te pido que dejes por un instante el

---

[43] Al principio, la novia decía con tristeza que sus hermanos querían que viviera una vida volcada a lo exterior y no se había cuidado de lo interior. Ahora, ella anuncia que su vida interior se ha vuelto fructífera y consumada.

reposo lleno de dulzura y silencio que disfrutas: *Déjame escuchar Tu voz, pues tus compañeros escuchan*[44]».

Con estas palabras el Novio pide dos cosas admirables a Su Esposa. Una, que ahora debe dejar el profundo silencio en el que ha vivido. Durante el periodo de tiempo en que se perdió en Dios, el Amado le pidió que redujera su persona para que entrara en la sencillez y unidad de Dios. Ahora que ha sido consumada en la unión, el Novio quiere dar al alma el fruto de la consumación de su estado interior, el conocimiento de la pluralidad divina y la unidad divina. En esta etapa, la pluralidad no interfiere con la unidad, y la unidad no interfiere con la pluralidad[45].

El Novio desea que ella armonice la alabanza externa de su boca con la palabra silenciosa del centro de su alma, y esto es lo que se conoce como el estado de unidad. Es una especie de imitación de lo que sucede en la gloria. Tras muchos eones, cuando el alma haya sido absorbida y entrado en el inefable pero siempre elocuente silencio de la divinidad, recibirá su cuerpo glorificado

---

[44] Para entender algunas de las interpretaciones de la autora hay que entender su biografía. En un momento dado de su vida, vivió tranquilamente apartada en una casa apartada en medio del campo con su hija pequeña hasta que Dios (por las circunstancias que le hizo vivir) la llamó al apostolado, que en la práctica consistió en ser madre espiritual de otras almas. Guyón está trasladando el texto bíblico a su propia experiencia vital, tal y como hace en buena parte del resto. Las siguientes palabras siguen en esta misma línea.

[45] Usa la palabra *multiplicidad*, pero por primera vez alude a una multiplicidad *deseable*. La multiplicidad ha sido algo a evitar y la autora nos instaba a «abandonar la multiplicidad de los deseos propios para tener un ojo sencillo de amor a Cristo» (Lc. 11:34, Mt. 6:22). Por ello preferimos aquí traducir *pluralidad* evitando las connotaciones. La autora no explica exactamente qué es esta «multiplicidad divina» compatible con la «unidad divina», pero intuimos que el asunto se explica de forma sencilla: Dios actúa de mil formas distintas, y todas ellas están efectuadas bajo el sello de una unidad absoluta. Aceptar esas «mil formas distintas» (y extrañas) sin ofenderse con Dios es parte de esta «unidad con Dios» (Lc. 7:23, Mt. 11:6). Dicho de otro modo: En este estado de «unión con Dios» del que habla nuestra querida Guyón, **no solo aceptamos de Su mano todo lo que venga (excepto el pecado), sino que abrazamos las circunstancias, es decir, hallamos en nuestras vivencias Su perfecta voluntad.**

que alabará al Señor. Por tanto, esta resurrección del cuerpo tendrá su propio lenguaje de alabanza que incrementará la dicha, aunque no interrumpirá la paz del alma.

Pero en esta vida presente, después de que el alma conozca la consumación en una unidad que los avatares externos no pueden interrumpir, la boca física halla una alabanza apropiada a esta unidad. La consumación de la alabanza consiste en la preciosa armonía entre la palabra silenciosa del alma y el habla de los sentidos[46]. El alma y el cuerpo alaban desde su auténtica naturaleza, porque la alabanza de la boca como tal no es alabanza, pues Dios dice por el profeta: *Este pueblo me honra con sus labios, pero su corazón está lejos de mí* (Is. 29:13). La alabanza expresada en las profundidades del alma tampoco es la consumación. Como los seres humanos consisten de alma y cuerpo, ambos se deben unir al alabar. La perfección de la alabanza sucede cuando el cuerpo emite su alabanza y esto incrementa (y no interrumpe) el silencio profundo y siempre elocuente del centro del alma; y viceversa, el silencio del alma complementa la expresión del cuerpo para dar una adoración agradable a su Dios. Por tanto, la consumación de la oración, tanto en el tiempo como fuera del tiempo en la eternidad, hace referencia a la resurrección externa de la palabra fruto de la unión interior[47].

---

[46] La verdadera alabanza es cuando la palabra silenciosa de Cristo tiene un cuerpo (la boca física) que puede manifestar esa palabra cuando ha de ser manifestada. Es una forma de definir la alabanza absolutamente maravillosa. No estamos hablando de «cantar canciones cristianas», sino de que el corazón y el cuerpo, el espíritu y la carne, se dan la mano en completa armonía. Este es el misterio de Cristo, donde cuerpo y espíritu alcanzaron una perfecta armonía, y Guyón dice que esa era la verdadera alabanza a ojos del Padre. Dicho de otro modo: la alabanza verdadera es cuando no hay discrepancia entre lo palpable e impalpable, entre el ruido y el silencio, entre la carne y el espíritu, porque lo espiritual reina sin impedimentos *en* la carne.

[47] Dicho de otro modo, la vida de resurrección se aplica a lo interior, que encuentra un cauce de manifestación en lo exterior. Así, 'la manifestación gloriosa de los hijos de Dios' será una expresión externa y palpable de la vida oculta e interior.

Pero el alma, conociendo este silencio profundo e inefable, teme interrumpirlo, y con ello experimenta dificultad a la hora de volver a expresar la palabra externa. Para librarse de estas imperfecciones, el Novio la invita a hablar y exclama: *Déjame oír tu voz.* «Es ahora tiempo de hablarme con la voz de tu cuerpo para que puedas alabarme como aprendiste durante el excelente silencio». Junto a la palabra sacra e interior, Dios da al alma libertad para hablar con Él conforme a Su tiempo y con gran facilidad.

El Novio desea esto de la Esposa: que hable a otras almas para enseñarles acerca de la vida interior y de lo que han de hacer para agradarle. El principal trabajo de la Novia es instruir a los soldados de lo interior de Dios, aquellos que no tienen el acceso al Novio que tiene la mujer Sulamita. El Novio desea que ella se dirija a Él tanto con el corazón como con la voz y que ella les hable a otros de Él.

## Verso 14

**Huye, amado mío,
y sé semejante a la gacela o al cervatillo
sobre las montañas de especias aromáticas.**

El alma no tiene otro interés aparte del Novio, ni para sí misma ni para ninguna otra persona, y solo desea Su gloria. Cuando ve algo que lo deshonra, ella clama: «*¡Huye, oh Novio mío!* Abandona esos lugares que no te ofrecen perfume, sino que emiten vapores fétidos, los corrompidos y viciados por la malicia del siglo.[xxiv] Acude a aquellas almas que se han erguido como las montañas de especias aromáticas. Tú has plantado en estas montañas el dulce olor aromático de las virtudes exquisitas. Solamente en almas así hallarás verdadero reposo».

En este punto el alma ha entrado completamente en los intereses de la justicia divina, respecto de sí misma y de otros.[xxv] No puede desear para nadie un futuro distinto al que la justicia divina desea en tiempo y eternidad. Simultáneamente, el alma ejerce una caridad perfeccionada hacia otros y sirve al prójimo solo para Dios y en la voluntad de Dios. Como San Pablo, no le importaría ser ella misma anatema por causa de sus hermanos (Rom. 9:3) y trabaja sin cesar por su salvación. Todo lo contempla desde el punto de vista de la justicia de Dios y puede aceptar sin preferencias lo que Dios decide, incluyendo la condenación de personas. No puede tolerar la deshonra de Dios porque la Divinidad ha dispuesto los afectos más puros del amor dentro de ella.

No debemos suponer que el alma ahora anhele constantemente experimentar la presencia dulce y permanente del Novio. ¡En modo alguno! En un estado anterior de perfección, deseaba apasionadamente esta deleitosa posesión. En aquel entonces, y para atraerla en su progreso hacia Dios, necesitaba esa experiencia. En esta etapa de desarrollo, esta motivación sería una imperfección que no debe ser atendida. Ahora ciertamente su Amado la posee en perfección tanto en su esencia como en sus potencias de una forma muy real e inmutable. Esto sucede por encima de todo concepto de tiempo, forma y lugar. Ya no se añora disfrutar de Dios de forma consciente y palpable en momentos determinados porque el estado interior de abandono total del alma quita el deseo de todo, incluso de los deleites del Paraíso. Este estado interior es la evidencia de que Dios posee su centro. A causa de esta satisfacción interior, testifica al Novio que Él ha actuar donde quiera, visitando, obteniendo ganancia, purificando y perfeccionando otros corazones en todas las montañas y colinas de la iglesia.[xxvi] Él ha de tomar deleite en las almas fragrantes, aquellas ungidas de gracia y virtud. Nada tiene que pedir o desear de Él para sí misma a menos que Él inicie el movimiento. ¿Rechaza las visitas y consolaciones divinas? No, ejerce respeto y sumisión a las operaciones de Dios. Sin embargo, cuando ya se ha establecido con Dios en el centro del alma, estas mercedes ya no quedan supeditadas al estado interior de aniquilación. Ha extraviado su voluntad en la voluntad de Dios y ya no puede desear nada de por sí. Esto se expresa de una forma preciosa en el verso citado. *¡Apúrate, mi amor, como una gacela o cervatillo sobre las montañas de especias!*

Tan grande es la indiferencia del alma que ya no puede inclinarse a favor de gozo o privación. Muerte y vida son por igual aceptables. Su amor, más fuerte de lo que nunca fue, la guía a permanecer en manos de su Novio. No puede desear el Paraíso, y este es el efecto de la profunda aniquilación.

Preparada mejor que nunca para auxiliar a las almas, ahora sirve con extremo cuidado a los que el Novio le envía. No puede desear hacer esto de sí misma, y solo puede ayudar a otros con la guía especial de la Providencia.

# Justificaciones

La defensa que compuso por escrito la propia autora en el juicio inquisitorial conocido como *Conferencias de Issy*:

---

[i] Disfrutaremos la perfección en el mundo venidero, que, por supuesto, es distinta a la vida espiritual que podemos tener aquí; pero no permitamos que por esa razón nuestra experiencia sea tristemente imperfecta arrebatándole sus elementos espirituales esenciales. Aún aquí, en este mundo, nuestra unión con Cristo en el espíritu es uno de los grandes logros del amor y omnipotencia de Dios. Como Juan de la Cruz ha escrito, la obra de nuestra regeneración y salvación es mayor que la de nuestra creación.

[ii] Nunca hay instante en que Dios no derrame Su infinito amor de benevolencia sobre todo ser humano; siendo comunicativo en su naturaleza, es inevitable que se comunique incesantemente con todo ser dispuesto a recibir Sus dones como el rocío cae bajo todo

objeto expuesto al cielo. Pero el hombre es creado libre y tiene el poder de cerrarse, de protegerse del rocío celestial; vuelve su espalda a Dios y acumula cachivaches que sirven de obstáculo a menos que sea alcanzado por Su misericordia. Cuando Él quita algunos de los obstáculos que había interpuesto, tiene la inclinación de volverse al Señor, quien incesantemente hace llover amor sobre todo corazón. En el momento en que el corazón se vuelve y abre un poco, el rocío de la gracia cae suavemente sobre él y, según caiga más o menos abundante, así crece el amor en el corazón; cuanto más se abra el alma a Dios, tanto más profusa es la caída del rocío.

iii Mientras el creyente todavía perciba el pleno poder de la unción divina sobre él, sus imperfecciones parecen destruidas; pero, a medida que avanza la obra de la purificación, las virtudes van al fondo del alma y desaparecen de la superficie, y los defectos naturales afloran a la superficie a vista de todos.

Los efectos del invierno en el mundo vegetal a mí me parece que presentan una imagen real y vigorosa de esta operativa de Dios. En tanto la estación del frío y las tormentas se ciernen, los árboles van perdiendo poco a poco sus hojas, su intenso verdor pronto muta a un marrón mortuorio, caen y mueren. Los árboles ahora parecen desnudos y desolados; la pérdida de sus vestidos veraniegos pone de relieve todas las irregularidades y defectos en sus superficies que antes quedaban ocultos. No es que hayan contraído nuevas deformidades; para nada; todo eso estaba ahí antes, aunque oculto por el abundante follaje. De este modo, el hombre en tiempos de su purificación parece privado de sus virtudes; pero, al igual que el árbol preserva su savia, guarda aquello que provoca el verdor de las hojas y por ello el alma no es desprovista de la esencia de la virtud ni de ninguna ventaja sólida, sino solamente de cierta facilidad externa para hacer gala de sus posesiones. El hombre, así desnudo y rebajado, da una apariencia a ojos propios y ajenos repleta de defectos naturales que antes quedaban escondidos por el verdor de una patente bendición.

Durante todo el invierno, los árboles parecen muertos; no es la realidad, sino que, al contrario, se están sometiendo a un proceso que los salvaguarda y fortalece. Porque ¿cuál es el efecto del invierno? Contrae su exterior para que la savia no se malgaste inútilmente hacia afuera, y concentra su vigor en la raíz para que nuevas raíces broten y las viejas se fortalezcan y se alimenten y no tengan más remedio que profundizar en la tierra. Podríamos decir que, por muy muerto que parezca el árbol en sus accidentes (dándonos la libertad de aplicar esta expresión a sus hojas), nunca ha estado más vivo en sus esencias, e incluso es durante el invierno que se establece con mayor firmeza la fuente y principio que lo mantiene con vida. Durante las otras estaciones emplea toda la fuerza de su savia para adornarse y engalanarse a costa de sus raíces.

Del mismo modo sucede en la economía de la Gracia. Dios arrebata lo que es virtud accidental para poder fortalecer el principio de las virtudes. El alma aún las practica, pero de un modo en extremo oculto; y en humildad, en puro amor, en abandono absoluto, en menospreciando protegerse a sí misma (y a veces a otros), el alma avanza con pasos sólidos. De este modo la operativa de Dios parece ensuciar al alma en lo externo; la realidad es que no implica defectos nuevos en el alma, sino solo un descubrimiento de los viejos para que, al estar expuestos, puedan ser sanados mejor.

iv Del mismo modo que el fuego ennegrece la madera antes de consumirla, es la cercanía del fuego lo que oscurece la madera y no su ausencia. La madera también puede decolorarse por la humedad; pero entonces no es mucho menos apropiada para ser quemada, y puede estar tan húmeda que ni siquiera arda. Así es la negrura de aquellos que se alejan de Ti, oh Dios, y se prostituyen alejándose de Ti. (Salmos 73:27). Todos perecerán; pero no así nuestra esposa, que tiene una complexión negra por la sobreabundancia del amor que procura perfeccionarla en Sí Mismo limpiándola de todo cuanto se opone a Su propia pureza.

<sup>v</sup> Un padre ha dispuesto varios platos sobre la mesa, algunos de lejos más deliciosos que otros. Uno de los niños se ha encaprichado del plato que le queda más cerca aunque esté lejos de ser el mejor y pide que se lo den porque le gusta. El padre percibe que si ahora le diera uno mucho mejor lo rechazaría, pues la mente está obsesionada con lo que ve ante él; y así, para que no quede hambriento y desanimado, a regañadientes le concede su deseo. De este modo, Dios concedió la oración de los israelitas de tener rey; no era lo que Él había escogido para ellos, ni lo que necesitaban, pero era la idea persistente de sus corazones. —*Subida al monte Carmelo,* Juan de la Cruz.

<sup>vi</sup> Los que están empezando a servir a Dios suelen ser perseguidos por los no regenerados porque su retraimiento es una condena pública de los desórdenes que reinan en el mundo. No sucede así, sin embargo, con aquellos que se entregan con devoción a la vida interior; no solo sufren persecución a manos del mundo impío y personas de vida normal, sino con mucha mayor severidad de aquellas personas pías y con educación espiritual que no son del interior. Estos últimos lo hacen como un asunto de obligación personal, no siendo capaces de reconocer que pudiera haber algo correcto aparte del camino que ellos mismos están recorriendo. Pero los asaltos más violentos provienen de supuestos santos y falsos devotos, cuya infame conducta, malignidad e hipocresía aquellos detectan por estar iluminados por la verdad de Dios. Esto propicia entre estas personas y aquellos que son verdaderamente espirituales una oposición similar a la existente entre ángeles y demonios.

vii Los que tienen poca experiencia, podrían objetar aquí que, puesto que después de todo se hace necesario salir de uno mismo para buscar al Señor en Sí Mismo, la guía más razonable sería animar desde el principio al creyente a buscarle de ese modo en vez de enviarle por el desvío de «primero buscarle por dentro y después por fuera». Pero esto sería un gran error; porque esta persona le busca como algo separado y concreto; de hecho, busca el paraíso a causa de Él.

De este modo, en vez de hacerse interior y recolectar todas las fuerzas de su espíritu, como hizo David, para acudir a Dios, su fuerza se disipa y malgasta. Las finas líneas desperdigadas en un dibujo que se van ·juntando se hacen gruesas y fortalecen en las proximidades del punto al que convergen, pero se hacen finas e imperceptibles en cuanto salen de esa proximidad. Así es con la fuerza del espíritu del creyente; cuanto más concentradas están en lo interior, mayor su habilidad para lo práctico de cada día. Y en tanto estas líneas, por muy separadas que estuvieren, se reúnen en el punto focal, así sucede con las muchas funciones concretas del espíritu del creyente que andan desperdigadas y separadas. Cuando son reensambladas en lo profundo de adentro, constituyen un solo compuesto (aunque no un punto indivisible), y se les concede un poder singular para buscar a su Señor.

Por ende, para hacerse uno interior y espiritual, debemos empezar por buscar al Señor adentro; no obstante, una vez hemos llegado allí, debemos partir de nuevo, no para volvernos a la multiplicidad externa (el punto del que hemos partido), sino para ir más allá del ego con el fin de alcanzar al Señor. Este salir del ego no se ve afectado por la forma en que entramos en él, sino, por así decirlo, por un camino que te lleva a través del ego y más allá, desde el centro del creyente hasta el centro del Creador.

En síntesis, el espíritu del creyente podría considerarse como una especie de parador o posada a medio camino por el que el viajero debe necesariamente pasar, pero que, una vez abandonado, no tiene la obligación de volver sobre sus pasos, sino que sigue adelante por la calzada principal. Y el camino que lleva a la posada es más largo en proporción a la disipación y lejanía de nuestro centro en la que antaño vivíamos; por ello, cuando más andamos, tanto más dejamos el ego atrás, tanto visual como sentimentalmente. Tan pronto llegamos a nuestro ser más interior hallamos a nuestro Señor allí y somos invitados, como hemos dicho, a salir otra vez de nosotros y pasar más allá; y después es cuando muy ciertamente entramos en Él; pues es allí donde Él es verdaderamente hallado, donde nuestro ego ya no es. Cuando más viajamos, tanto más avanzamos en Él y tanto más nos dejamos atrás a nosotros mismos.

Por tanto, nuestro progreso en Dios debería medirse por nuestra separación del ego; esto es, en cuanto a nuestra forma de ver las cosas, sentimientos, recuerdos, intereses propios e introspecciones. En tanto el cristiano avanza hacia su propio centro, queda totalmente absorbido en la introspección, y cuanto más se acerca, tanto más intensa es su absorción, aunque en mayor sencillez. Sin embargo, cuando ha llegado allí, deja de mirarse a sí mismo; de forma semejante, podemos ver lo que nos rodea pero no lo que hay dentro de nuestro cuerpo. Pero, en tanto sigue hacia adelante, más allá de sí mismo, ve menos y menos de sí mismo porque su rostro mira en la otra dirección y no puede mirar atrás. Por ende, aquellas introspecciones que eran útiles al principio procuran un gran daño en el tramo final. Al principio, nuestras visiones deben ser complejas y dirigidas a uno mismo; después se vuelven sencillas y carentes de complejidad sin dejar de tener un impulso egocéntrico; justo después es cuando al alma se le concede el ojo sencillo. Igual que el viajero que se aproxima a la posada que está en medio del camino no necesita considerar nada (sino que sus ojos miran la posada fijamente y una vez entrado allí ya no mira la posada como antes de entrar), así el creyente, una vez llegado a su centro, puede decir que ya no contempla su ego de igual manera que antes (aunque, de hecho, lo contempla de una forma adaptada a su estado interior). Sin embargo, cuando ha pasado más allá de sí mismo, deja de percibir o sentir el ego, y cuanto más avanza en Cristo, menos se descubre a sí mismo hasta que por fin se pierde totalmente en el abismo del Señor, donde deja de sentir, de conocer y de discernir cosa alguna excepto a Él. Por tanto, es cosa clara que toda introspección es dañina y mortal, pues separa al cristiano del camino que lleva a Dios y le hace volver al ego.

Este pasar más allá del ego se consigue mediante la rendición de la voluntad, que, como soberana de las potencias, transporta en ella el entendimiento y la memoria que, aun siendo potencias separadas y muy variadas, son una sola e indivisible en su centro. Ahora pues, digo, y está claro, que este estado interior conlleva una suerte de estabilidad; y cuanto más se avanza, tanto más firme se vuelve; porque es evidente que aquel que ha continuado su camino y dejado atrás el ego es una persona del todo distinta en su vivencia diaria de aquel que todavía está luchando para alcanzar el yo y su centro; y si el primero tuviera que esforzarse por entrar de nuevo en aquella otra senda, lo tendría por harto difícil o imposible.

Así pues, vemos que los que ha alcanzado el yo y han seguido adelante han de procurar aumentar la distancia entre sí mismos y el ego, y aquellos que desean ser transformados deben esforzarse sin cesar en aplomar su espíritu. Forzar a un hombre que ya ha entrado en Cristo a retomar la senda y las prácticas por las que alcanzó esta posición sería cosa parecida a empeñarse en obligar a la comida ya digerida y presente en los intestinos devolverse a la boca, cosa que solo se produce tras una secuencia de horribles dolores y en presagio de muerte. Sin embargo, en tanto la comida permanezca en el estómago, puede descargarse sin vomitar de la misma manera que nosotros, en tanto sigamos en pos del yo interior, podemos volver sobre nuestros pasos con mayor o menor facilidad según hayamos avanzado más o menos en el camino que lleva a la posada; pero después de haber salido de la posada, regresar a nuestros caminos centrados en el yo es mucho más difícil y casi imposible.

viii Ya he manifestado que, por dentro, estas heridas son el fruto de la aparente deserción del Novio (el sufrimiento más agonizante del alma) y por fuera son la malicia persecutoria de hombres y diablos.

ix Durante todo el tiempo que dura la aparente ausencia del Novio, la esposa no se ocupa ni de sí misma ni del mundo; lejos está de semejantes infidelidades; cree que ha perdido la presencia de su Buen-amado (¿y acaso no es su continua pena por esta aparente pérdida una presencia perpetua?).

x El ojo interior debe quedar fijo en Cristo y esto debe preservarse sin decaer, aunque sea inconscientemente; es así que la esposa nunca olvida al Novio. Subrayo también que la desatención de la esposa a sí misma tiene su único origen y causa en que nunca deja de aplicar su corazón a su Señor, quedando así ella libre del error de aquellos que le colocan fuera, en su mente, para pecar sin restricción.

xi De este modo, parece que todo el viaje espiritual personal se limita a una sucesión de sufrimientos, ignominias y confusión. Hay muchas personas que se abandonan a ciertos sufrimientos, pero no a todos; no pueden permitirse estar dispuestos a perder su reputación a ojos de los hombres. Este es el punto preciso al que Dios apunta.

La esposa también siente una gran repugnancia a obedecer el mandato de Dios de aplicarse a las cosas de fuera; se ha encariñado de su retiro interior. No obstante, lo cierto es que no cargará con estos sufrimientos a menos que abandone su soledad. Cuando Dios tiene la intención de que algunos de Sus seguidores de verdad mueran a sí mismos, a veces permite que den pasos aparentemente en falso por cuyo efecto su reputación entre los hombres queda destruida.

En una ocasión conocí a una persona del interior a quien se le anunció de antemano las más terribles cruces, entre ellas la pérdida de su reputación, a la cual ella estaba profundamente apegada. No pudo ceder a esto y rogó a Dios cualquier otro sufrimiento excepto ese, y de este modo formuló la negativa a dar su consentimiento. Ella misma me dijo que desde entonces se quedó estancada. La fatalidad de esta negativa a su progreso fue tan grande que, desde entonces, el Señor no le había concedido humillaciones ni bendiciones.

[xii] El alma no puede permanecer mucho tiempo en este estado de desnudez y expolio, y de aquí que el apóstol (Col. 3:9,10) nos informe de que, después de ser desvestidos del viejo Adán, debamos ponernos el nuevo hombre Jesucristo. Habiendo abandonado y renunciado a todo, incluso nuestro apego a cosas inherentemente buenas, y habiendo aprendido a no desear esto o aquello ni nada fuera de lo que el Señor nos proponga, ahora debemos volvernos a vestir con el mismo amor de Dios y comunión con Él; pero ya no porque esto sea agradable, oportuno o apropiado para gratificar nuestro amor propio, sino porque es agradable a Dios, oportuno para Su amor y apropiado para que Su gloria avance.

—*El Amor de Dios*, S. Francisco de Sales.

xiii Para fortalecer el espíritu del creyente, Dios hace uso de lo que Juan de la Cruz denomina *la noche oscura del espíritu*, en la que Él permite que los defectos (que el creyente pensaba desvanecidos y desaparecidos para siempre) vuelvan a aparecer en el exterior con rasgos más acusados. Me refiero a faltas naturales de temperamento, palabras o actos fuera de lugar, caprichos de la conducta o pensamientos de rebelión. Es entonces que Dios le quita la facilidad que tenía para practicar las virtudes divinas y las buenas obras, todas sus imperfecciones reaparecen y empieza a sufrir ataques por todos lados. Dios pone Su mano muy fuerte sobre él; otros lo calumnian y sujetan a persecuciones; sus propios pensamientos son pensamientos de rebelión y además los diablos lo acosan. A través de esta terrible colección de instrumentos de crucifixión se hace al cristiano sucumbir y rendir a la muerte. Si faltara alguno de estos instrumentos, la fortaleza no sería asaltada y serviría de refugio e indulto; y, con todas sus buenas intenciones, el cristiano seguiría viviendo en su vida egocéntrica.

Estos defectos no son cosa voluntaria, ni tampoco las mil debilidades desdichadas que asaltan al creyente y le hacen miserable; pero el cristiano no siempre es consciente de esto, pues la ausencia de Dios le lleva a pensar que sus faltas son la causa.

¿Se vuelve la novia a Él? Ella se ve despreciada y lo único que experimenta es Su indignación. ¿Mira dentro de ella? Tentaciones, miserias, pobreza, imperfección. ¿Mira implorante al mundo? Espinos que la hieren y la ahuyentan. Ha quedado suspendida de un hilo, por así decirlo, entre Dios y el mundo; y para completar su desgracia, comprueba, por lo general y en tiempos así, que Él rechaza a estos pobres sufrientes. En el orden de Su providencia, Él juzga necesario que dejen su soledad y se mezclen en los negocios del mundo. Su mayor tormento es que, aunque desean ardientemente separarse completamente del mundo, comprueban que sus corazones acuden a él sin cesar a pesar de sus más enconados esfuerzos. Pero ahora, cuando por fin el mundo y sus propios defectos y la fuerza del brazo de Dios y la experiencia de su propia debilidad y la malicia de hombres y diablos han obrado los propósitos de Dios, Él les libera de un solo golpe de todo enemigo y les recibe en Sí Mismo ya del todo purificados. Los que no consienten a este proceso de sufrimiento deben contentarse en permanecer toda su vida en el ego y la imperfección.

La esposa aquí quiere explicar que, al principio, el joven cristiano soporta con resolución persecución y calumnia, habiendo una conciencia interior y poderosa de que nada merecen. Pero aquí el caso es distinto. A medida que el cristiano crece en el Señor, se hace sensible a todo pensamiento de pecado. En consecuencia, persuadido de que merece todas sus agonías, se siente como la criatura más miserable del mundo y queda cubierto de la confusión y humillación más inefables. Está convencido de que no hay nadie tan malvado como él. Y cuanto más se aleja del mundo y del disfrute egoísta de la bendición espiritual, tanto más percibe ahora su estrechez, sus ataduras terrenales y lo enorme de su peso, y todo ello de una forma tan angustiosa que mil veces al día vive en agonía. Parece como si se le despertara apetito para todo placer, aunque, de hecho, los rehúya por completo.

Anteriormente subrayé que, en esta etapa, el cristiano es lanzado a la vida activa; es decir, que su situación personal o circunstancias imprevistas le obligaron a atender al mundo. Hasta este momento se había apartado en soledad, separándose del mundo bajo gran dolor, y ahora resulta muy angustioso volver a él otra vez. No obstante, si Dios no le pidiera vivir una vida normal en el mundo, en realidad nunca se conocería a sí mismo; tampoco podría familiarizarse lo suficiente con su propia debilidad y su absoluta dependencia de la gracia ni reconocer que nada puede esperar de sí mismo, sino que debe esperar en Dios para todas las cosas, que debe confiar en Él, desesperar del ego, detestar al ego y abandonarlo para siempre. Este dolor y sufrimiento no lo experimentan quienes no conocen a Dios ni quienes se entregan a una vida licenciosa. Son incapaces de sentir el aguijón del mal al que se han sujetado voluntariamente, apagando al Espíritu Santo y olvidando a Dios. Cuanto más viven, tanto más depravados se vuelven; en cambio los creyentes, probados y sondeados, son estimados como dignos de ser recibidos en Dios a cuenta de su *inconsciente fidelidad*.

xiv Es importante tener en mente aquí lo que se dijo al principio, que hay una resistencia voluntaria que pone un freno absoluto a la obra de Dios porque Él no puede violar la libre voluntad del hombre, y que también hay una resistencia innata a la naturaleza que ciertamente forma parte del albedrío pero no es voluntaria, y es la repugnancia que muestra la naturaleza a su propia destrucción. Pero, sea cual sea la extensión de esta repugnancia, y por muy grande que sea la rebelión de la naturaleza ante su propia aniquilación, Dios no deja de obrar con ese fin en mente, aprovechándose de la consagración del cristiano y del abandono total al que nunca ha renunciado, y al que ahora no renuncia, quedando su voluntad sumisa y sometida a Dios a pesar de la rebelión de sus sentimientos. Es en este abandono, en la sumisión de la voluntad (lo que está encerrado en los abismos interiores del creyente y a veces él mismo no puede reconocer), donde he venido a hablar de «el meter de la mano de Dios»; porque estos son los medios por los cuales Él es capaz de continuar Sus operaciones de purificación en nosotros sin violar nuestra libertad.

xv Cuando digo que Dios desarrolla sus planes en detalle, no debemos entender que da al cristiano una cuenta detallada de aquello a lo que debe renunciar y sacrificar; para nada. Muchas veces he dicho que, con Dios, hablar es hacer, y así sucede aquí también:

solamente explica sus designios situando a su discípulo en el crisol de las pruebas más severas, como ya se verá. Le lleva al punto de no solo sacrificar sus posesiones, sino todo su ser; y no solo para el tiempo humano, sino para la eternidad. ¿Y cómo se produce este sacrificio? Desesperando completamente de uno mismo, cosa que arrebata el apoyo de toda fortaleza humana y fuerza al creyente a un abandono incondicional en las manos de Dios. Porque hemos de recordar que, cuanto más desesperamos del yo, más confiamos en Dios, aunque siempre de una forma reconocible por el intelecto. Cuanto más nos alejamos de la certidumbre y de la fe que depende de la vista, más profundamente entramos en una fe de Dios, desnuda de todo sostén. Cuanto más detestamos al ego, mejor amamos a Dios. Siempre que Dios le quita algo al creyente es un sacrificio, pero el último sacrificio de todos (aquel que tengo por costumbre denominar *el puro sacrificio*), es el que hace el creyente cuando, viéndose abandonado por Dios, por el ego y por el mundo, clama a Él: *Dios mío, Dios mío, ¿por qué me has abandonado?* (Lucas 23:46). Este fue el sacrificio íntegro y absoluto de Sí Mismo, y es esta rendición por entero del yo en tiempo y en eternidad lo que yo llamo el último sacrificio; después de esto, aquellas otras palabras del Señor Jesús, *consumado es* (Juan 19:30), anuncian el cumplimiento del sacrificio del alma y cierran la escena.

Todos nuestros problemas provienen de nuestra resistencia, consecuencia de nuestros apegos. Cuanto más nos atormentamos en el sufrimiento, tanto más agudo se vuelve; pero queda muy aliviado si nos rendimos a él más y más y permitimos que el doloroso proceso siga su curso sin interrupción. Solo vemos y reconocemos los obstáculos a nuestro progreso espiritual cuando estos son quitados.

xvi La resistencia de la que he hablado aquí es de dos tipos y guarda relación con las exigencias de Dios de los versículos anteriores. Hemos oído la voz del Novio diciendo a su esposa:

«*¡Ábreme, esposa y hermana mía,* porque estoy cargado con las gotas de mi pasión». La esposa ve entonces con claridad que Él ha venido a ella cargado de tristeza para hacerla copartícipe de Su sufrimiento; porque Sus palabras son los impactos dolorosos de toda suerte de tristeza atendidos por toda posible debilidad que Él produce en ella; porque si ella pudiera ser fuerte en su sufrimiento, lo soportaría con alegría. Dios le abre la posibilidad de perder su reputación y sufrir persecuciones en forma de calumnias, y lo advierte para después convertirlo en realidad; Él hace acompañar a estas tribulaciones de una conciencia de las innumerables fragilidades y miserias que ella tiene y una aparente pérdida de la virtud (o más bien la pérdida de la fuerza y facilidad para acometer buenas obras) para que ella acabe cubierta de inconcebible confusión y aflicción. Por último, sin cláusulas ni reservas, y sin ser capaz de ver nada dibujado en el lienzo, se rendirá a los rigores de la Justicia Divina; y Dios le toma la palabra.

En tanto dure la prueba, el corazón siente una rebelión extrema frente al sufrimiento; no encuentra traza alguna de abandono en sí mismo; clama con todas sus fuerzas para liberarse. En los intervalos de descanso que a veces aparecen, regresa su apreciación y amor por la Justicia Divina y no puede evitar renovar su sacrificio en el altar de esa misma Justicia hasta que la tempestad se reanude. Pero una vez reanudada, se vuelve a olvidar de su sacrificio y su amor por la Justicia y, devorada por sus repugnancias, parece experimentar los espasmos de la muerte.

En otras ocasiones, antes de sujetar al creyente a las pruebas, Dios le muestra con detalle los sufrimientos más extremos y pide su consentimiento. Algunos rehúsan no siendo capaces de rendir el sacrificio; algunos desisten del todo, otros solo unos días. Y su resistencia les provoca tormentos horribles, sobre todo si antes eran obedientes y se rendían cuando lo cierto es que, inconscientemente, vivían con la mancha del orgullo secreto de ser fieles en el sufrimiento y en nunca haberle negado nada a Dios, por muy estrictos que fueran los requerimientos.

Dios permite a la esposa resistir el sacrificio de la Cruz y sentir repugnancia al recibir al Novio cubierto de sangre y remojado de tristeza. Pero los devotos de este cuadro no resisten demasiado tiempo. La resistencia se hace necesaria para convencerles de su fragilidad y demostrarles lo lejos que están de poseer la valentía que acariciaron con la imaginación. Hay algunos que, después de tener una experiencia exquisitamente pura de los deleites del amor, se encuentran extremadamente débiles cuando el Amor presenta sus dolorosas exigencias; y, si antes han sido fieles, el dolor de la impureza espiritual contraída por esta resistencia les provoca un enorme sufrimiento.

xvii Esta *apertura* es un abandono renovado; la resistencia que se ha mostrado recientemente ha remitido y el alma debe hacer un acto de abandono nuevo y explícito. Dios siempre detalla esto y subraya que el alma ha sido infiel, pues requiere volverse una vez más y renovarse en actos manifiestos y concretos.

xviii Dice David, hablando de la persona de nuestro Señor Jesucristo en la cruz: *Mi corazón es como cera; se ha deshecho en medio de mis entrañas.* El corazón del Salvador, esa perla oriental, preciosa sobre todas las demás y de valor inestimable, arrojado a un mar de amargura inconcebiblemente corrosiva en el día de su pasión, se disolvió dentro de Él, se deshizo y licuó en angustia bajo la presión de las agonías de aquel calibre.

Pero el amor es más fuerte que la muerte y puede tocar el corazón y suavizarlo y disolverlo más rápido que ninguna otra fuerza existente. *Mi alma se deshizo cuando Él habló*, dice la esposa; y lo que quiere decir expresando esto no es otra cosa que su alma ya no quedaba confinada a su propia persona, sino que ha fluido hacia su Amante Divino. Dios mandó a Moisés hablar a la roca para que de ella fluyera agua (Núm. 20:8); de qué habríamos de sorprendernos si, por tanto, cuando Él mismo hablara con ternura, el alma de Su esposa se deshiciera dentro de ella. El bálsamo es de natural tan denso que ni fluye ni puede derramarse; y cuanto más tiempo se encierra y guarda, más espeso se hace hasta que al final se vuelve rojo, duro y transparente; pero aplicando calor puede disolverse y hacerse fluido. El amor había licuado al Novio, y de aquí que la esposa le llame *aceite derramado*; y ahora ha llegado el turno de ella, y proclama de sí misma que se ha deshecho de amor. Mi alma, dice ella, fluía mientras hablaba mi Amado. El amor del Novio estaba en su corazón y bajo sus pechos como vino nuevo, fuertísimo, que no puede retenerse en su cuba, sino que sale por todas partes.

—*El Amor de Dios*, S. Francisco de Sales.


xix He visto a tres hombres piadosos que fueron injuriados. El primero enterró sus sufrimientos en silencio, por temor a la Rectitud Divina. El segundo se regocijó en su fuero interior, esperando la recompensa debida, aunque le afligió que le hubieran hecho una injusticia. El tercero, totalmente olvidado del ego, lloró por la herida que su opresor se había infligido a sí mismo al hacer este mal. ¡He aquí tres héroes dignos de aparecer en las listas de las virtudes! Uno impelido por el temor, otro estimulado por la esperanza del premio y el tercero inspirado por los vahos desinteresados del perfecto amor.

—*La Escalera del Divino Ascenso*, S. Juan Clímaco.


xx Tal y como el Novio había derramado Su amor y Su alma en el corazón de la novia, así derrama ella su alma en el corazón de su Amado. Al igual que un banco de nieve en una colina expuesto al sol se desplaza cambiando su forma y se derrite y abandona la colina por el lado en que los templados rayos inciden, así el alma de la esposa se deshizo y acudió en pos de la voz de su Buen Amado, abandonando su ego y el confinamiento de la naturaleza para ir en pos del que la llamó.

¿Pero cómo sucede este deshacerse sacro de la esposa en pos de su Amado? Su deleite extremo en su Novio produce en ella un derretir espiritual del poder de vivir en el ego; y, de este modo, como un bálsamo derretido, privado de consistencia y solidez, su ser corre y fluye hacia Él a quien ella ama. No se abalanza ella por un esfuerzo repentino, ni se aferra o abraza como si por ejercer la fuerza pudieran unirse, sino que se limita a fluir con gentileza como un líquido o cosa diáfana a la Divinidad que adora. Y del mismo modo que vemos que las nubes acumuladas y movidas al son del viento del sur se deshacen y convierten en lluvia (incapaces ya de contenerse, se derraman y caen al suelo, mezclándose y templando la tierra haciéndose uno con ella), así la novia (que, aunque era cariñosa, todavía vivía en el ego) se deshace en esta corriente santa y bendita, abandonando al ego para siempre, no solo para unirse a su Amado, sino para estar completamente disuelta y unida con Él.

—*El Amor de Dios,* S. Francisco de Sales.


xxi Una de las razones del celo de Dios es el pequeño número de personas que se consagran a Él sin reservas. No soporta los rivales; por ello es que se deleita poco en los corazones de doble ánimo. Pero aquellos que son del todo devotos, los ama y considera como de Su peculiar propiedad. Sobre estos ejerce Él todos Sus derechos sin que su libre albedrío interfiera, pues su abandono es franco, sano y totalmente voluntario. Pero Él también sufre de celos proporcionales a su amor. No soporta ni una sola mancha en ellos; son Sus especímenes selectos encerrados en Sus alcobas secretas y no quedan expuestos a las miradas curiosas de un mundo que no los valora.

<sup>xxii</sup> Si viertes un fluido en un recipiente, verás que reposa quietamente sostenido por las fronteras que delimitan el vaso y asumiendo a la perfección su forma exacta. No tiene forma ni figura propias, sino solo las del recipiente que lo contiene.

No obstante, no funciona así con el alma de forma natural. Tiene su propia forma y afilados contornos por razón de sus hábitos e inclinaciones y de su voluntad enfocada al ego. Y cuando una persona se niega a salir de estas cosas decimos que es duro, es decir, obstinado y terco. *Les sacaré el corazón de piedra,* dice el Señor Dios (Ez. 11:19), es decir, «les quitaré su testarudez».

Madera, hierro y piedra han de sentir el peso del cincel, del martillo y el fuego antes de cambiar su forma; y así debe ser con el corazón que los simboliza en su dureza y oposición a las impresiones divinas, que se parapeta en su propia voluntad y se fortifica tras las inclinaciones propias de nuestra naturaleza corrompida. Al contrario, al corazón que es maleable, suave y flexible se le tiene por un corazón fundido o licuado.

—*El Amor de Dios,* S. Francisco de Sales.


<sup>xxiii</sup> Habría supuesto un serio defecto en la novia si, hubiera elegido actuar en el tiempo en que tendría que haberse quedado del todo quieta, pues de este modo habría obstaculizado las operaciones de Dios; hubiera actuado en base a su propia actividad cuando Dios le pedía ser completamente pasiva y así morir a toda influencia que tuviera su origen en sí misma. Ahora, en su pasividad mantenida, se ha convertido en algo semejante a la suave cera o a un instrumento perfectamente manejable en manos de Dios con el que Él hace lo que Él quiere. Por tanto, ha alcanzado la única verdadera pasividad en perfección, un estado activo-pasivo en el que sus acciones ya no se originan en ella, sino que se deben en

exclusiva a las influencias tiernas y cariñosas del Santo Espíritu interior.

<sup>xxiv</sup> A mí me parece muy fácil entender que el que deposita su felicidad exclusivamente en Dios ya no puede desear servir a su propia felicidad. Ninguno excepto el que habita en Dios por amor puede situar toda su felicidad exclusivamente en Dios; y, cuando un cristiano está dispuesto a esto, no desea felicidad alguna excepto la de Dios en Sí Mismo y para Sí Mismo; y, de esta manera, nada que haga satisfacer al ego (ni siquiera si la meta es la gloria del cielo) puede ser fuente de satisfacción y, en consecuencia, tampoco objeto de deseo. El deseo nunca deja de ser el hijo del amor; si mi amor está solamente en Dios y es solo para Él, sin mostrar respeto al ego, mis deseos estarán en Él en exclusiva e igualmente se verán libres de motivaciones egoístas.

En Dios este deseo ya no presenta la vivacidad del primer deseo de amor resultado de la ausencia del objeto de deseo; tiene la quietud y reposo de un deseo completamente cumplido y satisfecho. Siendo Dios infinitamente perfecto y por siempre bendito, y la felicidad del creyente consiste en esta perfección y bendición de Dios, sus deseos no pueden manifestar la inquietud de los deseos insatisfechos, sino que presentan el reposo de uno que no tiene ningún deseo sin satisfacer. Por tanto, este es el cimiento del estado interior del creyente y esta es la razón por la que no percibe en sí mismo todos los buenos deseos de aquellos que aún aman a Dios en relación con el ego ni de aquellos que aman y buscan al ego en el afecto que manifiestan hacia Dios.

No obstante, no debe suponerse que Dios no pueda implantar estas actitudes y deseos en el corazón del creyente en tanto a Él le parezca bien. Es así que a veces le hace sentir el peso de su tabernáculo y exclama: *De ambas cosas estoy puesto en estrecho, teniendo el deseo de partir y estar con Cristo, lo cual es mucho mejor* (Fil. 1:23). Y en otra ocasión, bajo la influencia del amor por los hermanos que le constreñía, y desde una absoluta libertad de toda consideración egoísta, puede él clamar: *Desearía yo mismo ser anatema, separado de Cristo por mis hermanos* (Rom 9:3). Estos sentimientos aparentemente contradictorios quedan perfectamente reconciliados en las profundidades del espíritu. El cristiano totalmente abandonado ya no tiene los deseos de los primeros pasos que hacían asiento en la voluntad egoísta, sino que son excitados y removidos por Dios Mismo sin que el ego intervenga. Él sostiene al corazón tan inamoviblemente vuelto hacia Sí Mismo que Él es el autor de sus deseos y del resto de actos, sin que el alma preste su auxilio. El deseo que está conectado con el ego es resultado obligado de una voluntad aún sin purificar del ego; pero, en tanto todo el designio de Dios es destruir la voluntad de la naturaleza egocéntrica uniendo la voluntad del cristiano con la Suya Propia, es necesario que Él deba al mismo tiempo absorber y destruir todo deseo originado en el ego.

Todavía hay otra razón por la que Dios remueve e implanta deseos según Su beneplácito. Cuando es Su designio conferir cierta bendición a su discípulo, primero infunde un deseo en su corazón en referencia a la bendición concreta que Él quiere dar para así Él Mismo escuchar y conceder la petición. *Señor, has escuchado el deseo de los humildes, tú prepararás su corazón e inclinarás tu oído* (Salmos 10:17). Él prepara el corazón y concede la petición. *Pon tu delicia en el Señor y Él te concederá las peticiones de tu corazón* (Salmos 37:4). El Espíritu intercede en y por el creyente, por lo que los deseos y peticiones del creyente son los del Santo Espíritu (Rom. 8:26), y Jesucristo es el que dentro del creyente declara *sé que Tú siempre me escuchas* (Juan 11:42).

En otras ocasiones, Él guía al cristiano a orar por cosas particulares y el cristiano es perfectamente consciente de que la oración no se origina en su propia voluntad, sino en la voluntad de Dios;

porque no es libre de orar por quien él quiera ni cuando a él le apetezca, pero cuando ora sus peticiones son siempre escuchadas y concedidas. Esto está exento de gratificaciones centradas en el ego; el creyente es plenamente consciente de que Él es quien le posee, que Él ora y concede Sus propias peticiones. Todo esto está en mi mente mucho más claro de lo que puedo expresar en palabras.

xxv Bendecir a Dios y darle gracias por cada acontecimiento de su providencia es, ciertamente, un gran asentamiento de santidad. Pero si dejamos en exclusiva a Dios el cuidado del querer y del hacer en nosotros, por nosotros y a través de nosotros como a Él le agrada, sin pedir cuentas por lo que está sucediendo aunque lo percibamos con claridad (si al mismo tiempo podemos ocupar nuestros corazones y fijar nuestra atención en la bondad y ternura divinas, adorándole con acción de gracias, no en los efectos o en los acontecimientos que Él ordena, sino en Sí Mismo y en Su propia excelencia infinita), estaremos inmersos en una ocupación mucho más alta y bendita.

La hija de un diestro médico yacía en cama con fiebres sin tregua y, sabiendo del profundo apego y amor singular que el padre tenía por ella, dijo a uno de sus jóvenes amigas: «Sufro grande dolor, pero no se me ocurre remedio alguno para él, pues nada conozco de las virtudes curativas. Quizás quiera yo algo cuando se hace necesario otra cosa muy distinta. Así pues, ¿no hago bien en dejar el cuidado de todo este asunto a mi padre, que sabe y que puede y que hará por mí cuanto es necesario para mi recuperación? Mal haría si yo misma pensara la solución porque él pensará por mí; mal haría si quisiera yo algo concreto porque él se encargará de que yo reciba todo lo que es bueno para mí. Esperaré y dejaré que él desee lo que mejor vea conveniente; mi única ocupación será mirarle, testificar de mi amor filial por él y manifestar mi confianza incondicional en su amor». El padre le dijo que si quería ser sangrada para recuperarse. Dijo ella: «Tuya soy, padre mío; no sé lo que he de desear para ponerme bien; eres tú el que tiene que yo haga y desee lo que tú quieras; en cuanto a mí, me basta con amarte y honrarte con todo mi corazón, tal y como hago». He aquí su brazo atado, y su padre abriendo la vena con su estilete; pero mientras hace la incisión y la sangre mana, su hija nunca aparta la vista del rostro de su padre, sino que la mantiene fija en su semblante con una mirada de afecto, no diciendo nada sino alguna expresión ocasional: «Mi padre me ama y yo soy del todo suya». Cuando todo termina, ella no le da las gracias, sino que se limita a repetir las mismas expresiones de apego y confianza filiales.

—*El Amor de Dios*, S. Francisco de Sales.


**xxvi** Cuanto mayor es la pureza y simpleza de una sustancia, tantos más usos tiene. Nada puede ser más puro o sencillo que el agua, ¡y hay que ver la inmensa colección de usos que presenta en razón de su fluidez! Está preparada para recibir toda suerte de impresiones con facilidad. Insalubre en sí misma, puede tener infinitud de sabores; incolora, está abierta a ser coloreada con cualquier color. Así sucede con el espíritu y voluntad del creyente que vive en un estado interior de sencillez y pureza; al no tener sabor ni color derivados del ego, Dios es el autor de cualquier cosa que manifiesten, igual que el agua debe su esencia o tonalidad a la voluntad del que la trató. Sin embargo, no es correcto decir que el agua, por muy sabrosa o coloreada que haya sido, posea en sí misma estas cualidades, en tanto y por cuanto son accidentales y se imprimen desde afuera, y es su cualidad de libertad liberada de sabor y color que le permite exhibir variedad de ambos. Así siento yo que es el estado de mi ser más interior; ya no puede distinguir o conocer nada en su cualidad aparente o propiedad, y esto es lo que constituye su pureza; lo recibe todo como si se le otorgara tal y como viene, sin considerar cosa alguna como propia de sí misma.

Si le pudieras preguntar a esta agua cuáles son sus propiedades, respondería que su propiedad es no tener ninguna. Pero, podrías tú replicar, «te he visto de color rojo»; y me atrevo a decir que respondería «pero no soy roja, no lo soy por naturaleza ni me pongo a pensar en lo que hacen conmigo, sea impartiéndome sabor o color».

Lo mismo sucede con forma y color. El agua es fluida y amoldable, asumiendo al instante la forma de la vasija donde se derrama. Si tuviera consistencia y propiedades de suyo, no podría tomar forma, recibir cualquier sabor, exhibir cualquier esencia y tomar cualquier tonalidad.